부자로 사는
시스템을 상속하라

이귀한 지음

당신의 인생은
당신의 생각 그대로 만들어진다

프롤로그 | 4

제1장 삶의 현실
1. 직장생활과 일반 자영사업의 한계 | 8
2. 중산층의 몰락 | 11
3. 보편적인 삶에 소요되는 비용 | 14
4. 물가상승의 72법칙 | 17
5. 미래를 준비하는 시스템 자영사업 | 18

제2장 유통의 변화와 네트워크 마케팅
1. 유통의 변화 | 22
2. 네트워크 마케팅 | 27

제3장 네트워크 마케팅의 실체
1. 네트워크 마케팅의 실체 | 32
2. 네트워크 마케팅의 보상플랜 | 34
3. 네트워크 마케팅의 상품 | 45
4. 네트워크 마케팅 회사의 완성 과정 | 46
5. 올바른 네트워크 회사의 선택 | 52

제4장 네트워크 마케팅의 명품 - 유니온 마케팅
1. 중대한 사건 | 58
2. 네트워크 마케팅의 보상플랜 분석 | 63
3. 실패자의 사명 | 67
4. 출발의 철학 | 70

Contents

5. 소비생활 마케팅과 TNM | 75
6. 유니온 마케팅 플랜 | 85
   1) 기존 네트워크 마케팅의 문제점 보완 | 85
   2) 유니온 마케팅 플랜 | 87
   3) 소비생활 촉진(II) 보상을 통한 유니온 마케팅의 완성 | 99
7. 일반 대리점 유통과 소비생활 마케팅 | 104
8. 사업규모의 선택 | 109
9. 소비생활 마케팅의 성공 전제조건 | 117
10. 네트워크 사업의 본질(완성) | 119

제5장 제이유의 청사진
제이유의 청사진 | 124

제6장 주인의 사명
주인의 사명 | 128

제7장 소비생활 마케팅 확산운동
소비생활 마케팅 확산운동 | 134

제8장 부자로 사는 시스템을 상속하라
부자로 사는 시스템을 상속하라 | 138

에필로그 | 140

부록 | 보도자료 | 145

감사의 글 | 206

프롤로그

나의 상상력으로 상상이 되지 않는다고 남의 상상력까지 무시하는 사람은 절대 성공할 수 없다.

한 사람의 발상과 그것에 대한 신념과 사명감을 바탕으로 하는 강한 추진력은 이 세상의 고정관념을 바꿔 놓기에 충분했다.

우리나라의 경제활동 인구를 기준으로 종교나 군대조직이 아니면서 공동의 이익을 추구하는 100만명의 집단이 형성되어 있다고 가정하자. 그 중 30만명 정도가 그 목적 달성을 위해 제시된 일을 열성적으로 실천하는 사람들로 구성되어 있다면 어떤 일을 해낼 수 있을까? 아마도 못해낼 일이 거의 없을 것이다. 다만 그와 같은 집단의 형성 자체가 불가능하다고 생각해 누구도 시도하지 않을 뿐이다.

우리나라 국민 중 약 2,350만명이 경제활동 인구(2004년도 기준)로 구성되어 있는데 그들이 추구하는 활동의 목적은 무엇인가?

　그들은 소득을 창출하기 위해 갖가지 방법으로 경제활동을 한다.

　왜 소득을 필요로 할까? 우리의 삶 자체가 소비이고 소비를 하기 위해 돈이 필요하다.

　자본주의 사회에서 돈은 우리 몸 속의 피와 같아서 돈이 없으면 인간다운 삶을 영위할 수 없다. 또한 불확실한 미래를 준비하기 위해 경제력을 비축해야 한다.

　어렵게 창출한 소득의 대부분은 소비에 사용되고 소비는 지출로 이어질 수밖에 없는 것이 기존의 경제 흐름이다.

　경기가 불확실할수록 소비는 위축되고 소비가 위축되면 디플레이션 또는 스태그플레이션 현상을 초래하게 된다. 어떤 방법이든 소비를 활성화 시켜야만 경기를 살려낼 수 있는 것이다.

만약 서두에서 가정한 "100만명의 공동이익"이 "공동 소비생활 조합"을 형성해서 그들이 평생 먹고, 입고, 쓰는 소비생활 자체가 지출이 아닌 소득의 재창출 행위가 된다면, 아니 평생 생활비 걱정 없는 풍요로운 삶을 살 수 있는 부자들의 집단이라면, 여러분도 소비생활 방법을 바꿔서 부자의 대열로 들어올 생각이 있는가?

당연히 그렇다고 대답할 수밖에 없으리라. 이와 같은 일이 현실적으로 가능하다면 "100만명의 공동 소비생활 조합"은 이 나라 경기를 살려 놓는 가장 좋은 대안이 아닐까?

이 책에서 소개하고자 하는 것이 바로 소비가 소득이 되어 돌아오는 금세기 최고의 경제활동 기법인 "소비생활 마케팅"인 것이다.

이 책을 만난 인연이 여러분의 삶을 풍요롭게 할 수 있는 계기가 되길 진심으로 바란다.

제1장 | 삶의 현실

1. 직장생활과 일반 자영사업의 한계

"삶이 그대를 속일지라도 슬퍼하거나 노하지 말라"고 러시아의 시인 푸시킨이 말했던가. 혹시 하는 기대감으로 살아 보지만 역시 하는 한숨으로 돌아오는 것이 많은 사람들의 삶이 아니던가?

좋은 직장이 확실한 신분과 밝은 미래로 정년을 보장하던 시절이 있었다. 어느 날 황태(퇴), 명태(퇴)라는 말이 생기더니 요즘은 이태백, 삼팔선, 사오정, 오륙도, 육이오라는 말들이 익살스런 유머처럼 현실을 대변한다.

이 말들은 한결같이 평생직장의 개념이 사라졌음을 경고하는 단어들이다. 또한 직장이 아닌 직업의 선택을 권고하는 말이기도 하다.

자본주의 사회에서 행복의 필수조건은 경제력 즉, 확실한 소득원을 갖는 것이다.

경제활동을 설명할 수 있는 공식을 하나 살펴보자.

소득 = 근무시간 × 시급

어떤 사람이 월 200만원의 급여를 받기 위해 하루 8시간씩 25일간 200시간을 일한다면 그 사람의 시급, 한 시간당 노동의 대가는 1만원인 것이다.

이 공식에 의해서 우리는 한계를 넘지 못하는 고정관념을 갖고 살 수밖에 없었다. 그것은 누구나 24시간 이상의 시간을 활용할 수 없다는 것이며 소득수준을 높이기 위해서는 시급을 높이는 방법 이외에는 다른 방법이 없다고 생각한 것이다.

그 결과 시급이 높은 직종, 예를 들면 변호사, 회계사, 의사 등의 전문직종 또는 특별한 재능이나 기술을 요하는 직업, 그렇지 않으면 시급이 높은 직장을 선호하게 된다.

그리고 현실적으로 높은 시급을 받을 수 없어 만족하지 못하는 사람들은 스스로 높은 시급을 창출하기 위해 소규모 자영사업을 창업하지만, 결국 직장생활보다 많은 노동시간으로 그것도 성공이 보장되지 않는 현실에서 매일 기진맥진한 피로 속에서 살아간다. 즉 시급이 높아지기보다는 노동시간이 늘어 소득이 조금 늘어났을 뿐인 것이다.

이와 같은 소득창출 구조는 20%의 상류층, 60%의 중산층과 20%의 하류층이라는 소득수준에 의한 사회계층을 탄생시켰다. 중산층이나 하류층의 사람들 중에 자신의 소득을 더 이상 창출하는 것을 자포자기한 사람들은 자신의 자녀들이 높은 시급을 받는 직종을 선택할 수 있도록 하기 위해 엄청난 사교육비를 투자하는 등 삶의 초점이 자녀 중심으로 바뀌게 된다.

그렇다고 누구나 시급이 높은 직업을 가질 수는 없지만, 그 결과 시급이 높은 직업을 가졌다 하더라도 또 하나의 문제점이 발견된다.

예컨대 월 3,000만원의 소득을 올리는 개인 병원을 개원한 외과의사가 있다면 그 역시 월 200시간은 일을 해야 하고, 그의 시급은 15만원인 셈이다. 그런데 의사 본인의 질병이나 사고로 인하여 더 이상 진료행위에 시간을 쓸 수 없다면 소득을 창출할 수 없으며 높은 시급 15만원도 무의미한 결과가 되고 만다.

이와 같은 이유에서 우리는 고정관념을 탈피해야만 도약을 할 수 있는 것이다. 그것은 바로 시간의 개념을 다른 시각에서 보는 것이다.

나 혼자 100시간 일을 해서 100%의 소득을 창출하기보다 나를 위해 1시간 일하는 100명에 의해 100시간 일한 효과를 얻을 수 있는 시스템의 전환이 필요한 것이다. 즉 시간 축적의 시스템을 갖추지 못한 자영사업이나 단순한 직장생활로는 신분 상승에 한계가 있을 수밖에 없는 것이다.

2. 중산층의 몰락

직업이나 직장이 있다고 하더라도 소득창출에 한계가 있는 것은 부정할 수 없는 현실이다.

그럼에도 불구하고 컴퓨터, 인터넷의 등장으로 생산라인, 사무 등의 자동화로 점점 일자리가 없어지고, 산업화가 되면서 소품종 다량생산 형태였던 것이 다품종 소량생산 시대를 넘어 소비자가 원하는 대로 주문 제작하는 맞춤형 생산시대로 변해 가고 있다.

누구도 안정된 직장을 보장받을 수 없다는 사실을 현실로 받아들이듯 세상은 엄청나게 빠른 속도로 변해 가고 있다. 이제 개개인이 이 변화의 속도에 맞추어 변화한다는 자체가 불가능한 시기가 되어 버렸다.

그렇지만 세상의 변화에 적응하지 못한다면 결코 세상살이에 승자가 될 수 없을 것이다.

이제는 변화를 예측하고 미리 준비하는 사람만이 잘 사는 세상이 온 것이다.

5%

20%
상류층

15%   5%

60%
중산층

10%
상류층

90%
신빈민층

하류층
20%

(새로운 계층구조로 재편성)

이제 더 이상 중산층은 없다. 오로지 10%의 상류층과 90%의 신빈민층으로 구성되는, 빈익빈 부익부 현상이 두드러지게 나타나는 사회 계층구조로 변화되어 가고 있다.

그렇다면 상류층에는 어떤 사람들이 들어갈 수 있을까? 상류층을 형성하는 사람은 기존의 20%의 상류층 구성원 중, 변화에 적응하지 못하고 자만에 빠진 15%가 신빈민층으로 전락하고 5%만이 상류층을 유지할 것이며, 중산층에서 시대의 변화와 조류를 인정하며 자신의 변화를 도모하고, 정보의 가치를 인정할 줄 아는 겸양지덕을 가지고 긍정적인 생각과 적극적인 자세로 역동의 시대를 도약의 기회로 삼는 5%가 상류층에 진입하게 된다.

변화의 속도가 빠르다는 것은 생각하기에 따라서는 안정기보다 신분상승의 기회는 더 많이 존재한다.

즉 개인의 생각과 태도의 변화가 신분상승의 가장 중요한
요소가 된다.

상류층 또는 신빈민층으로 가는 것은 누구의 책임도 아닌
각자의 선택과 변화에 달려 있다.

여러분은 어떤 선택을 할 것인가?

3. 보편적인 삶에 소요되는 비용

보편적인 한국 가정에서 일상적인 생활비 지출 이외에 큰 돈이 들어가는 분야는 내 집 마련, 자녀 교육, 자녀 결혼, 자동차 구입, 노후대책, 예상치 못한 사고에 대한 생활 보장 융자금 등 6가지 분야 정도로 나누어 볼 수 있다.

서울의 경우 25평 아파트가 약 2억 4천만원, 32평의 경우는 약 3억원 이상으로 25평 아파트를 마련하는 데 대졸자가 평균 15년 4개월, 고졸자는 24년이 걸린다고 한다.(2003년 기준)

자녀 교육비는 통계청 2004년 기준자료에 따르면 취학 전 2년부터 4년제 대학까지 약 6,500만원이 소요되며 2자녀를 기준하면 약 1억 3천만원이 소요된다.

결혼비용은 2003년 5대 도시 294명의 평균 결혼비용 조사 결과, 남자가 9,513만원 여자가 3,984만원으로 남녀 한 쌍의 결혼비용이 1억 3천만원 이상 소요된다.(2004. 9. 5. 서울=연합)

자동차 구입 자금은 평균 1,500만원 정도의 차량을 30년 간 5년 단위로 바꾼다고 가정하면 약 9천만원이 필요하다.

　노후설계 자금은 60세의 부부가 평균 수명까지 생존시 기초생활비만 2억 6천만원 이상이 소요된다는 통계가 나와 있어 최소 3억원 이상은 예상하고 준비해야 할 것이다.

　예기치 못한 사고가 없다 하더라도 2자녀 기준으로 25평 아파트 구입을 목표한 가정에서 약 9억 9천만원의 목돈이 필요하며 여기에 생활비를 감안하면 천문학적인 돈이 필요한 것이다.

　대부분의 사람들은 자신이 할 수 있는 한 최선을 다해 열심히 노력하며 살아간다.

　그리고 현재 사회적인 분위기는 자녀들에게 자신들의 노후생활을 의지하려는 생각을 가진 사람은 극히 드물다. 또한 우리 자녀들 세대는 그들 스스로 앞가림을 해가며 살아가기조차 어려운 상황으로 변화될 것이라 예측되고 있다.

　우리나라 경제 상황의 미래 모습이라 할 수 있는 미국의 경우를 보면 65세에 정년 퇴직한 노인들 중 고작 2%만이 재정적인 자립을 하고 있으며, 45%는 친척에 의존하고, 30%는 사회복지제도의 혜택으로 생활하며, 23%는 여전히 일을 해야만 살아갈 수 있는 것으로 미국의 사회보장기관의 통계가 알려 주고 있다.

　이런 점을 감안해 볼 때 열심히 노력하는 것만으로는 우리의 미래를 준비하기 어려울 것이란 생각이 든다.

　미국의 예에서와 같이 2%의 재정 자립을 달성한 멋진 삶을 살기 위해서는 세상의 변화를 읽고 미리 준비된 속에서의 노력만이 의미 있는 일이 될 것이다.

4. 물가상승의 72법칙

우리가 살아가는 데 단순계산으로도 엄청난 돈이 필요한데 여기에 물가상승의 개념을 감안하면 더욱 큰 돈이 필요하다는 사실을 알게 된다.

경제이론인 72의 법칙에 의하면 평균 10%의 인플레가 있을 경우에 7년 후에는 현재의 돈의 가치가 절반으로 떨어진다. 예를 들어 20년 뒤 200만원의 연금을 받는다면, 물가상승률이 매년 평균 5%일 때 현재의 가치로 보면 66만원, 10%일 때는 28만원의 현재가치인 것이다.

반대로 현재 생활비를 월 100만원을 쓰는 정도의 소비를 위해서는 물가상승률이 매년 평균 10%로 가정하면 7년 후에는 200만원, 14년 후에는 400만원, 21년 후에는 800만원의 생활비가 필요한 것이다. 현재 어떤 일을 하더라도 이와 같은 수준으로 소득을 끌어 올리는 것은 거의 불가능할 것이다.

5. 미래를 준비하는 시스템 자영사업

급속도로 변화하는 현실 속에서 미래를 준비한다는 것은 결코 쉬운 일이 아니다. 이제까지 살펴 본 몇 가지 사실만 가지고도 우리는 변화해야 한다는 사실을 인정하지 않을 수 없다.

사오정의 나이가 지난 나의 친구들에게 가끔 묻는다. 너의 직장은 구조조정 등 퇴직에 대한 걱정이 없느냐고 물어보면 그것에 대한 보장은 그 어느 곳에도 없는 것이 현실이다. 퇴직에 대비는 하고 있는가? 언제까지 직장생활을 하려고 계획하는가? 하고 물으면 대답은 거의 같다.

특별한 대책은 없고 준비하고 있는 것도 없어서 나가라고 할 때까지 직장을 다니겠노라고 대답해서, 나에게 거의 자신의 미래를 내팽개쳐 버린 느낌을 받게 만들며 가슴 또한 답답하게 한다.

어떤 일을 하든 다시 시작해야 한다면 전망이 좋은 업종을 선택해야 할 것이다. 21세기 사회변화에 따라 전망이 있는 산업 분야를 보면 IT산업이나 생명공학 등 지식기반산업, 환경산업, 실버산업 및 복지산업, 문화 레저산업, 건강이나 웰빙관련 산업, 유통산업 등을 꼽을 수 있다.

이들 산업분야에서 개인이 자영사업의 기회를 만들기는 상당히 어렵지만 어떻게든 기회를 만들어 퇴직금 및 전 재산에 차입금까지 투자하고, 인간다운 삶을 포기하고 하루에 12시간 이상 일을 해도 성공의 확률은 2~5%, 5년 이내에 80% 이상이 문을 닫는다는 통계가 나와 있다.

이에 필자는 유통산업 분야에 관심을 가져 보길 권한다. 왜냐하면 세상의 모든 변화가 개개인의 피부에 와닿는 경로가 유통산업이기 때문에 시대 변화에 잘 조화를 이루어 나가며 살 수 있기 때문이다.

참고로 23세에 백만장자가 되었고 20세기에 가장 큰 돈을 벌었던 사람으로 알려져 있는 J. 폴게티는 21세기 성공의 필수 요소로 다음 6가지를 꼽았다.

1) 자신의 사업을 가져라.
2) 수요가 큰 상품을 공급하라.
3) 상품에 보장제도를 채택하라.
4) 경쟁자보다 나은 서비스를 제공하라.
5) 열심히 일하는 사람을 보상하라.
6) 다른 사람의 성공을 도와줌으로써 나의 성공을 도모하

라.

상기 요소에 잘 부합되는 사업이 또한 유통사업이다. 한 가지 주지해야 할 사항은 유통사업을 선택하더라도 시간의 축적이 가능한 시스템을 구축하거나 이미 시스템이 구축된 사업이면 좋을 것이다.

제2장 | 유통의 변화와
네트워크 마케팅(Network Marketing)

1. 유통의 변화

21세기는 정보화 시대라는 말에 걸맞게 우리는 정보의 홍수 속에서 살아가지만, 실제로는 정보를 전혀 모르고 살고 있다. 정보의 유용성을 판단하기 어렵기 때문에 잘못된 정보를 자신에게 맞는 정보로 착각하고 선택했다가 피해를 보는 것이 두려워, 아예 눈과 귀를 막고 살아가기 때문이다.

옛날, 10년이면 강산이 변한다 했던가?

지금은 일년에도 강산이 두 번은 변한다. 아니 자고나면 세상은 변한다. 다른 모든 것들이 빠르게 변하듯 유통산업 역시 빠른 속도로 발전해 간다.

유통의 변화는 그 시대를 주도하는 각 산업분야에 부여되는 '힘(기득권)의 이동' 과 '소비자의 의식의 변화' 에 의해 이루어진다.

\<유통의 변천 과정\>

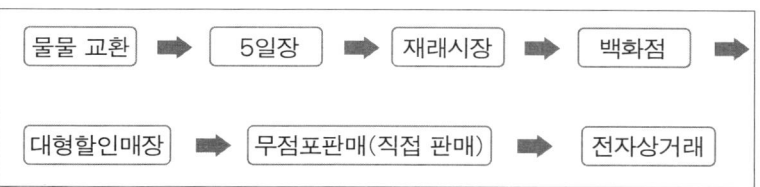

1) 재래식 유통시기

이 시기는 산업사회로 진입하면서 제조업자(공급자)의

힘이 크게 작용하던 시기이다. 이 때는 공급보다 수요가 많거나 거의 같은 시기이며, 이 시기의 소비자의 권익은 거의 보장받지 못하고, 유통구조의 선정이나 소비자 가격 결정 등 대부분의 권한이 제조업자에게 있고, 그들이 산업을 주도하는 시기였다.

또한 이 시기의 유통은 필연적으로 여러 단계를 거쳐 소비자에게 전달되는 구조적인 문제와 각종 매체를 통한 엄청난 광고비의 전가로 소비자는 상대적으로 비싼 가격에 상품을 구매할 수밖에 없는 환경이었다.

2) 대형 할인매장 유통

재래식 유통의 구조적인 모순을 개선하는 방식으로 큰 자본을 투자한 대형 할인매장이 등장(유통업자로 힘이 이동)한다. 이 유통방식은 대형 할인매장에 제조업자가 직접 공급하게 하고 소비자에게는 과거 소매점 이익(약 30% 정도)을 할인해 주는 방식으로 소비자를 유인하고, '싼 가격에 구매할 수 있다'는 '소비자의 의식' 변화로 유통업자가 산업분야를 주도하게 된다.

그러나 대형 할인매장 업계의 과다한 경쟁으로 공급업자에게 매장운영 등의 비용을 전가하여 이에 대한 피해 사례가 속출되고, 그들의 경쟁 수단이 가격 할인에 있기 때문에 좋은 품질의 상품을 기대하기 어려운 구조적인 문제가 도출된다.

이 시기는 산업화 시대의 발전으로 대량 생산에 의해 공급이 수요보다 많은 시기이다.

또한 소비자가 먼 곳에 있는 매장까지 찾아가야 하는 시간과 비용의 부담을 안고 있어, 소량의 상품이 필요시 비싼 가격에 판매하는 줄 알면서도 25시 편의점 등을 이용할 수밖에 없고, 이와 같은 이유로 틈새시장이 형성되어 극단적인 두 가지 형태의 시장이 공존하는 시대이다. 이러한 문제를 해결하는 방법으로 대형 할인매장들이 경쟁력을 갖추고 생존하기 위한 변화로, 가격은 저렴하게 판매하면서도 소비자에 가깝게 다가가는 주택가의 '슈퍼마켓'이 등장하게 된다.

3) 회원제 직접 판매 방식 유통

"좋은 상품을 구매하려면 회원제 유통방식을 활용하라"라는 말이 대형 할인매장 시대의 품질경쟁력의 문제를 대변한다.

"좋은 상품을 구매하려면 싼 가격이 아닌 합리적인 가격을 지불해야 한다"는 성숙된 '소비자 의식의 변화'는 직접 판매 방식의 유통구조를 활성화 시키고, 여기에 늘 소비자가 부담해야 했던 유통비용을 회원에게 돌려주는 즉, '회원에게 직접 유통사업의 기회까지 부여'함으로써 그야말로 '소비자는 왕'의 시대를 맞으며 소비자를 감동시켜야 살아남는 시대(소비자에게로 힘이 이동)가 도래하여 완벽한 소비자의 권익을 찾게 된다.

이 유통방식의 상품의 특성은 소품종 대량 생산 구조가 아닌 다품종 소량 생산의 소비자 맞춤형 상품이 주류를 이루어 수요와 공급이 균형을 이루는 시기이다.

직접 판매 방식은 인터넷의 발달로 변화와 발전에 가속도를 붙이고 있다.

21세기 유통산업을 주도하게 될 방식이 바로 회원이 소비자인 동시에 유통을 담당하게 되는 네트워크 마케팅인 것이다.

2. 네트워크 마케팅

1) 네트워크 마케팅의 개념

네트워크 마케팅의 4대 요소는 회사, 회원, 상품 및 보상 플랜이다.

무점포 직접 판매 방식의 유통 시스템으로 회사는 상품과 서비스를 제공하고, 이 회사의 회원으로 가입한 개인은 고정소비자가 되며, 이 정보를 다른 사람에게 전달하거나 상품 또는 서비스를 판매하고, 정보를 전달하거나 판매한 실적에 따라 보상플랜에 의해 유통이익을 돌려받는 상품 유통방식의 한 가지 형태이다.

즉 회원이 소비자 겸 유통업자의 역할을 동시에 수행하는 방식이며, 각자가 자신의 이익을 위해 고정소비자와 정보 전달자의 역할을 수행한 결과를 통해 순리적인 원리로 소득이 창출되는 방식이기 때문에 회원의 역할을 꾸준히 함으로써 지속적이고 안정된 소득을 올릴 수도 있다.

2) 네트워크 마케팅에 대한 전망

밀레니엄 시대를 맞이하며 미국의 경제잡지 『월스트리트 저널』지에서 "향후 10년 내에 미국의 모든 상품과 서비스의 50~60%가 네트워크 마케팅을 통해 유통될 것이다"라 예측했다.

1996년 10월호 『이코노미스트』지의 보도에 의하면, 지난 1986년부터 1991년 사이에 미국에서 50만명의 백만장자가 탄생되었는데, 그 중 가장 많은 20%(10만명)가 네트워크 마케팅을 통해 이룬 성공이었다.

또한 엘빈 토플러, 존 나이스비트 등의 미래학자나, 경제 학자인 폴 제인 필저 등 저명인사들은 "네트워크 마케팅은 21세기 가장 강력한 변화의 물결로써 유통산업을 이끌어 갈 것이며 개인이 성공할 수 있는 최고의 기회"라고 전망하고 있다.

또한 마이크로소프트사의 빌 게이츠 회장은 "내가 만약 컴퓨터 사업을 하지 않았다면 네트워크 마케팅 사업을 했을 것이다"라고 네트워크 마케팅의 가능성을 인정한다.

1990년대 말까지 미국의 우수 기업들은 네트워크 마케팅을 인정하지 않았다. 그러나 2000년이 다가오면서 일부 우량 기업들은 네트워크 마케팅 회사를 자회사로 설립하거나 기존 네트워크 기업들과 전략적 제휴를 형성하기 시작했다.

『포춘』지 선정 500대 기업의 최고 경영자들도 기존의 광고 마케팅에 의한 판매 방식으로 시장 점유율이 하락되는 등 문제가 생기자 네트워크 마케팅 기법을 도입하기 시작했다.

그동안 고속성장 속에서도 인정받지 못했던 네트워크 마케팅회사들이 강력한 유통조직을 확보함으로써 대기업의 기존 유통망을 물리치고 그들의 사업에 영향력을 행사하기 시작한 것이다.

3) 모방경제 체계와 한국 네트워크 마케팅의 미래

오늘날의 경제발전 상황을 확인한 당신이 20여년 전으로 돌아가 서울 강남 압구정동에 있는 논밭을 구매해야 하는 상황에 처해 있다면 여러분은 어떤 결정을 할 것인가?

자본주의 경제체계를 채택한 나라는 선진국의 경제 발전 과정을 모방하며 경제 정책을 펼치게 된다. 즉 그 선진국의 일정 소득 수준에서 일어났던 일들이 다른 나라에서도 같은 소득 수준이 되면서 나타나게 된다. 우리나라가 미국이나 일본보다 몇 년이 뒤처졌다 라고 하는 말이 모방경제 체계를 도입한 것을 반영하는 말이다.

그렇다면 우리나라의 네트워크 마케팅의 미래는 현재 미

국의 모습에서 볼 수 있다.

　우리나라의 모든 상품과 서비스의 50~60%가 네트워크 마케팅 방식으로 유통되고 진정한 성공자의 20% 이상이 이 방식으로 탄생하는 미래를 보고 있다면, 여러분은 어떤 선택을 해야 할까?

　당신이 제조업에 종사하고 있다면 당신이 만든 제품이 어떤 유통구조에 의해 판매되길 원하는가? 소비자나 제조업자 모두가 네트워크 마케팅 방식을 원한다면, 이 방식은 반드시 유통산업의 중추적인 역할을 할 것이다.

　21세기의 네트워크 마케팅은 양질의 상품과 서비스를 합리적인 가격에 많은 사람들에게 제공할 것이며, 일자리를 제공할 것이다. 또한 시간과 재정의 자유를 얻은 진정으로 존경받는 성공자 배출의 산실이 될 것이고, 좋은 상품과 서비스를 개발한 사람들의 아이디어에 가치를 창출시킬 것이며, 이 모든 것들을 통해 21세기 경제를 주도하는 견인차 역할을 할 것이다.

제3장 | 네트워크 마케팅의 실체

1. 네트워크 마케팅의 실체

　재래식 유통 방법에서는 경제적인 기득권을 형성한 계층에 유통사업의 기회가 주어졌다. 왜냐하면 유통업자가 비싼 점포를 마련해야 하고, 많은 재고 상품을 보유해야 하며, 상품대금에 대한 담보 제공능력이 있어야 하기 때문에 많은 운영자금이 소요되는 형태로 재력을 가진 자가 유통을 담당하고, 제조업종이 전체 산업분야를 주도하는 시기였다.

　다시 말하면 제조업자들이 기득권층을 고객으로 삼고 그들에게 유통의 기회를 부여했던 시기이다.

　이에 반해 네트워크 마케팅은 유통의 변천 과정 중 무점포 형태의 직접 판매에 해당되는 유통방식이다. 네트워크 마케팅회사는 기득권자층에게 유통의 기회를 주는 방식에서 탈피해 일정 기준의 판매 실적을 올리는 자에게 유통을 통한 소득창출의 기회를 부여한다. 즉 무점포, 무자본 형태의 자영사업 기회를 부여하는 방식으로, 그 자격을 취득하기 위해 판매원이 노력하는 속에서 자신들이 제공하는 상품의 판매가 이루어지도록 하는 형태를 취하고 있다.

재래식 유통시기인 산업 사회에서 유통사업의 위력과 가치를 인정한 많은 사람들이 무점포, 무자본 형태로 유통사업의 기회가 주어진다는 것을 인식하고 많은 관심을 갖고 참여하게 된다.

여기서 우리가 간과하지 말아야 할 한 가지 사실이 있다.

어떤 유통방식을 도입하여 운영하든 간에 유통회사의 경영목적은 상품을 판매하여 이익을 창출하는 것이고, 네트워크 마케팅 회사 역시 상품 판매를 통한 기업의 이윤을 창출하려는 것이 첫 번째 목표이다.

하지만 많은 회사는 그 첫 번째 목표보다는 판매원에게 자영사업의 기회를 주고, 그들이 성공할 수 있다는 것을 표면에 강력히 부각시키고 있지만, 판매원의 소득과 기업의 이윤은 서로 충돌을 일으킬 수밖에 없는 요소라는 사실이다. 물론 판매원의 큰 투자 없이 사업에 참여할 수 있는 환경을 많은 사람에게 제공하고 있는 것은 사실이다.

네트워크 마케팅의 4대 요소인 회사, 사업자, 상품 및 보상플랜 중 여기에서는 네트워크 사업에 대한 실체를 파악해 보기 위해 그들이 제공하는 보상플랜과 상품 구성 및 네트워크 마케팅 방식을 채택한 유통회사의 완성 과정과 올바른 네트워크 회사의 선택 기준을 알아보도록 한다.

2. 네트워크 마케팅의 보상플랜
(마케팅플랜, 메뉴얼)

　네트워크 회사와 판매원의 관계는 일종의 쌍무 계약관계
이며, 보상플랜은 이 계약관계에서 회사의 요구사항과 그
것에 대한 달성 정도에 따른 수당지급에 대한 구체적인 방
법을 규정한 일종의 계약서상의 보상조항이라 볼 수 있다.
　보상플랜은 단순히 숫자의 조합이 아니라 회사의 정책방
향, 의도, 사업자의 행동유발, 사업자의 심리적 요소까지
반영되어 있어서 마치 살아 있는 생명체와 같다.
　네트워크 마케팅의 보상플랜을 정확히 이해하고, 그 속에
포함된 의미나 요구사항까지 읽어낸다는 것이 결코 쉬운
일은 아니다. 그렇다고 이에 대한 판단 없이 어떤 회사를
선택한다는 것 또한 상당히 위험천만한 일일 것이다. 피해
자들 중에는 보상플랜을 정확하게 이해하지 못하고 소개하
는 사람과의 신뢰도만 가지고 선택했다가 낭패를 본 경우
가 상당히 많다.
　보상플랜을 정확히 이해하는 것은 본인이 해야 할 일을

정확히 파악할 수 있게 하며, 이것을 이해해야만 본인이 참여한 사업에 대한 확실한 비전과 목표를 수립할 수 있기 때문에 매우 중요하다 할 것이다.

1) 보상플랜에 포함된 요소

① 조직 구성에 대한 조항

판매원의 하위 판매 조직은 폭(width)과 깊이(depth)로 성장할 수 있다.

폭은 본인이 1대에 둘 수 있는 사람의 수를 말하고, 깊이는 수당을 받을 수 있는 단계의 수를 의미한다. 이 조항에 따라 보상의 정도, 후원 가능성 등이 달라지게 된다.

② 수당지급 자격의 판매 할당량

우리나라는 법으로 연간 5만원 이상의 강제구매 조항을 규정할 수 없도록 하고 있다.

마케팅 플랜에서 판매를 촉진하는 규정은 관계가 없으나, 전체적인 수당을 지급받기 위한 강제 구매 조항은 법에 위배된다고 볼 수 있다.

법적인 문제를 떠나서 할당량이 너무 많으면 사재기를 하게 되고, 너무 적으면 판매 활동에 소극적이 되어 소득 창출이 어려워질 수도 있다. 가장 합리적인 방법은 스스로 판매에 적극성을 띨 수 있는 보상플랜으로 자발적인 재구매가 활발히 일어나도록 하는 것이다.

③ 초기 보상과 후기 보상

본인이 직접 후원하는 사람의 실적에 대한 보상을 초기 보상, 본인으로부터 깊은 대수의 실적에 대한 보상을 후기 보상이라 정의한다.

초기 보상이 강한 보상플랜은 사업 초기의 소득은 빨리 발생하나 고액의 소득이 창출되기 어려우며, 후기 보상이 강한 보상플랜은 초기 소득 창출은 어려우며 깊은 조직을 구축하는 사람은 큰 소득이 창출될 수도 있다.

④ 수당 지급 기준

우리나라는 총 매출액 대비 35% 범위 내에서만 수당을 지급할 수 있다고 법에서 규정하고 있다. 각 회사마다 35% 범위 내에서 수당지급 기준은 상이하게 운영된다.

⑤ 마감 기준

월 마감, 격주 마감, 주 마감, 일일 마감 등의 형태로 수당 지급 대상 판매 실적을 결산하는 기간에 따른 구분이다.

⑥ 미실현 수당

회사가 약속한 지급규정과 실제 지급액의 차이를 말한다. 대부분 보상플랜을 보면 단서, 규제조항에 따라 수당을 지급받을 수 없는 조항이 포함되어 있는 경우가 많다.

또한 각종 패널티 제도에 따라서 수당을 삭감 받을 수도 있다.

미실현 수당은 착시 효과로 보상플랜을 좋아 보이도록 하는 전략이며 실제 지급액을 파악할 수 있는 능력만 있다면 문제될 것은 없다.

상기 요소들에 의해서 판매원에게 요구되는 역할과 보상 받을 수 있는 정도가 결정되나 어떤 것이 꼭 유리하고, 불리하다고 판단하기보다는 본인의 재능 및 강점에 따라 각자에 맞는 보상플랜을 선택함이 옳다고 본다.

한 가지 조심해야 할 것은 주로 창업 초기의 회사에서 일어날 수 있는 일로 매출이 늘어나면서 오히려 매출액보다 수당이 더 많이 지급되어야 하는 '과부하 플랜'으로 사업자를 유인하는 경우가 있는데, 이런 경우는 많은 피해자가 발생할 수도 있다.

2) 보상플랜의 유형

조직구성의 폭과 깊이를 제한하는 기법, 마감 기법 등에 따라 몇 가지 형태로 나뉘어진다.

① 브레이크 어웨이 방식

월간 판매 실적을 대상으로 보너스를 지급한다.

1차 보너스는 월간 그룹의 매출 실적에 따라 여러 단계로 상이한 보너스 체계를 갖는다. 즉 매달 본인이 상품을 구매하거나 일정 레벨에 오른 회원을 많이 후원할수록 더 높은 보너스 단계로 올라간다.

1차 보너스 체계의 최고 레벨에 도달한 하위 회원이 탄생하면 본인의 그룹으로부터 '브레이크 어웨이(독립)' 된다. 독립된 그룹의 매출에서 일정 부분의 2차 보너스를 지급받는다. 물론 지급받을 수 있는 개인 그룹 판매 실적이 유지될 경우에만 지급한다.

또한 독립시킨 라인의 숫자를 기준으로 직급을 부여받고, 그 직급을 계속 인정받기 위해서는 매월 독립그룹의 실적이 유지되어야 한다. 직급의 유지 여부에 따라 3차 보너스를 지급받을 자격이 주어진다.

이 플랜의 장점은 독립된 회원이 자신의 그룹을 관리하게 함으로써 큰 조직을 구축할 수 있고, 더 깊은 하위 레벨에서도 수당을 받을 수 있는 장점이 있다. 또한 본인이 1대에 후원할 수 있는 사람의 수를 제한하지 않으므로 폭을 넓혀 가며 조직을 확대할 수 있다.

미국의 경우 네트워크 마케팅업계의 50여년 역사 중 7년 이상 버티고 살아남은 회사는 극히 적은데, 살아남은 회사 중 80% 이상이 이 방식의 보상플랜을 채택하고 있어, 회사의 높은 수익률이 기업의 장기 생존 확률을 높였다는 견해도 있다.

이 플랜의 단점은 2차 보너스의 강점을 제시하지만 실질적으로 2차 보너스를 받을 수 있는 단계까지 성장하는 것은 상당히 어렵고, 많은 시간과 노력이 요구되며, 나의 다운라인 그룹에서 2차 보너스를 받는 사람을 탄생시키기는 더더욱 쉽지 않은 일이다.

매월 마감하여 보너스를 지급하고 실적이 클리어(zero화) 되어 매달 반복적인 실적 달성이 요구되는 플랜이며, 독립된 하위 그룹 발생시 끊임없이 본인의 그룹을 육성해야 하는 어려움이 있다.

또한 한 명의 상위 직급자를 탄생시키는 데 수만 명의 하위 직급자들의 매출이 요구되며, 실질적인 소득의 창출에 많은 시간과 노력이 소유되어 그를 인내하지 못하고 중도 포기하고 일탈하는 사업자가 많아 성공적인 조직관리가 어렵다. 물론 극소수이긴 하지만 그를 달성한 사업자에게는 많은 소득이 돌아갈 수는 있다.(수익의 상위 편중 현상이 두드러지게 나타난다.)

②매트릭스 방식

매트릭스 방식에서는 폭과 깊이를 엄격하게 제한한다. 예를 들어 2×10플랜에서는 수당을 받을 수 있는 깊이는 하위 10단계까지 가능하지만 자신의 1대에는 2명을 후원할 수밖에 없어 그 이상 추천하면 다음 단계로 스필오버(자동 후원) 된다.

이 플랜의 장점은 스필오버 방법으로 자동 후원되기 때문에 하위 라인을 채우기 쉽고, 나의 1대에 제한된 인원만 교육, 관리 책임을 분담하면 되며, 보상플랜이 단순해 이해하고 설명하기 쉽다는 것이다.

그리고 스필오버(자동후원)로 네트워커들이 가장 어려워하는 리크루팅을 하지 않아도, 자동으로 후원해 준다고 유혹하여 많은 가입자를 유치한다. 그렇지만 노력하지 않는 가입자에 의해 성장이 멈추게 되며, 열심히 노력하는 사람의 실적이 스필오버만 기대하는 사람들의 소득으로 돌아가는, 즉 불로소득의 가능성이 높아져 열심히 일하려는 사람마저 힘을 잃게 된다.

또한 수입원인 하위 조직을 성장시키는 데 한계성을 두어 고수익을 기대하기 어려운 플랜이다. 이를 보완하기 위해

이 플랜을 운영하는 회사들은 다구좌(본인이 여러 번 회원으로 가입하는)를 허용하는 방법을 활용하기도 한다.

③ 유니 레벨 방식

유니 레벨 방식은 수당을 받을 수 있는 깊이 단계는 제한하지만 폭의 제한은 없다. 이 방식의 장점은 플랜이 단순하고 폭의 제한이 없어 조직의 규모를 제한하지 않는다는 점이며, 이 경우 대개 하위 3단계에 높은 비율의 수당을 책정하여 다른 사람의 조직형성을 후원하도록 유도한다.

이 플랜의 단점은 일정 깊이의 하위 단계까지만 수당을 지급받을 수 있어 적극적인 상위 업라인의 후원을 받기 어려우며, 폭의 제한이 없어 직접 관리해야 하는 다운라인의 수가 많아 성장의 한계성이 문제로 대두된다.

이 플랜은 큰 성공을 기대하는 네트워커들은 기피하는 방식이며 본인의 실적이 보상되는 방식으로, 상품을 싸게 구매하려는 사람들이 선호하는 방식이다.

④ 바이너리 방식

1대에 2명의 후원만 할 수 있도록 제한하여 2개의 하위 그룹의 매출을 기준으로 '대실적 라인'과 '소실적 라인'으로 분리한다. 수당은 소실적 라인을 기준으로 지급하며 대부분의 경우 대실적 라인의 수당은 전혀 지급되지 않는다.

실적 마감은 주 마감제도를 채택한다.

이 플랜의 장점은 주 마감 개념 도입으로 수당을 빨리 받을 수 있으며, 소실적 라인에 대해서는 수당을 받을 수 있는 단계에 제한이 없어 깊은 조직을 형성할 수 있다. 즉 조직육성에 대한 후원 가능성이 높다.

이 플랜의 단점은 하위 두 레그의 성장 불균형시, 예를 들면 극단적으로 한쪽의 하위 레그가 활동을 완전히 멈추면 수당을 전혀 받을 수 없어, 나의 노력으로 한 조직을 방대하게 키운 경우 거기에 대한 대가를 전혀 기대하지 못한다. 일부 회사에서는 이와 같은 단점을 보완하기 위한 '매칭보너스(추천 그룹육성 수당)' 를 지급하기도 하는데, 이 또한 본인의 추천인에 의해 성장한 경우가 아니면 별 의미가 없다.

일부 변형된 바이너리 방식에서는 매일 실적을 마감하여, 각 라인의 판매 실적 달성 여부에 따라 수당을 지급하기도 하는데, 이 경우는 시간이 지나면서 반드시 과부하(매출액보다 수당 지급액이 많은 경우) 현상이 나타나 지속적인 사업진행이 불가능해진다.

물론 상한선 등의 규정으로 보완 운영은 하지만, 그런 경우는 하위 조직 육성의 한계점에 다다르면 더 이상 사업을 진행하지 않는 폐단을 자초한다.

⑤ 레인보우 방식(직급 마케팅)

일정 판매 실적을 달성했을 때 기본 직급을 부여하고, 하위 조직에 일정 직급자를 배출하고, 판매 실적을 달성하는 것에 따라 여러 단계의 직급 제도를 두며, 각 직급마다 수당 지급 비율을 달리하여 본인과 하위 직급간의 수당지급 비율의 차이에 의해 소득이 발생하는 전형적인 다단계 판매 방식이다.

이 방식의 장점은 한 번 최고 직급에 도달하면 최고의 수당 지급 비율에 의해 수당이 산정되는 방식으로써 최고의 직급에 도달했을 때 새로운 그룹을 육성하게 되면 수당지급 비율 차이가 크기 때문에 지속적인 조직 후원활동의 효과를 볼 수 있다. 이와 같은 이유로 최고의 직급에 도전하도록 유도하여 그룹의 판매 실적을 향상시킬 수 있다.

그러나 최고의 직급에 도전하면서 순리적인 조직육성보다는 사재기, 차명 계좌 등으로 무리한 도전심리를 작용하게 하여 큰 피해자를 양산하게 되는 문제점이 있다.

3) 보상플랜에 관한 견해

상기와 같은 방식 이외에도 보상플랜의 유형은 다양하게 탄생되고 있으며, 또한 여러 가지 방식이 조합된 보상플랜도 등장하고 있다. 어떤 방식의 플랜도 동전의 양면처럼 장단점을 가지고 있다. 즉, 한 가지 방식의 플랜이 완벽하게 모든 사람을 만족시킬 수는 없기 때문에, 자신의 강점과 스스로의 판단으로 개인의 목표를 성취하기에 합당한 보상플랜을 선택해야 할 것이다.

또한 21세기의 유통의 축이 될 네트워크 마케팅 회사를 선택하는 기준이 보상플랜 이외에도 인터넷 등 네트워크 지원 환경, 상품 및 서비스의 다양화, 미디어에 의한 사업 지원 시스템 등 종합적인 사항이 고려되어야 하며, 또한 그 기업이 가지고 가는 가치관이나 철학 즉, 정신적인 가치 기준까지 감안해야 한다는 점을 간과해서는 안 된다.

3. 네트워크 마케팅의 상품

네트워크 마케팅에서 상품이 차지하는 비중과 역할은 대단히 크고 중요하다. 상품은 사업자의 성공을 일구는 매개체이며, 보상플랜과 함께 회사와 사업자를 잇는 연결고리이다. 보상플랜이 내부적인 역할을 한다면, 상품은 회원 이외의 사람과의 관계를 만들어 주는 외부적인 역할을 담당하게 되어, 이미지 관리는 물론 실제 쉽게 판매할 수 있는 특성을 가져야 할 것이다. 즉, 네트워크 마케팅의 상품은 구전광고 방식에 맞도록 이야기거리가 있고, 누구나 필요한 생필품으로 우수한 품질을 갖춰 소개한 사람의 신용이 지켜질 수 있어야 하며, 합리적인 가격으로 사업자에게 이익이 창출될 수 있는 것이라야 한다.

과거와는 달리 다양한 상품군으로 형성되며, 상품의 라인업 정도나 앞으로의 계획은 사업성패의 요인이 될 수도 있다. 상품군이 다양하지 못하면 자칫 일시적으로 판매원 역할만 하고 영원한 성공을 기대하기 어려울 수도 있다.

4. 네트워크 마케팅 회사의 완성 과정

네트워크 마케팅 방식을 채택한 많은 유통회사의 존망 사례와 그들이 제시하는 비전을 토대로 보면, 네트워크 마케팅 회사가 탄생해 완성되어 가는 과정은 4단계 과정으로, 각 단계마다의 특징을 분석해 보면 그 회사의 완성 가능성을 가늠해 볼 수 있다.

제 1단계	0~1만명 정도	조직구성이 우선
제 2단계	10만명 이내	조직구성 + 판매
제 3단계	10만 ~ 50만	판매 ⇨ 조직육성
제 4단계	50만 ~ 1백만명	소비자집단에 의한 지속적인 재구매

1) 제1단계 : 창업 초기

창업 초기부터 약 1만명의 회원이 형성될 때까지의 단계
이다. 제조회사가 자사가 보유한 상품을 판매하기 위해 네
트워크 마케팅 방식을 도입하여 창업한 경우이거나, 전문
유통회사로 출발하는 경우는 창업자가 선정한 특화된 소수
의 상품군으로 시작하게 된다.

유통조직이 형성되기 전이기 때문에 제조회사들이 선뜻
납품하기를 꺼려 하는 단계이다.

이 단계에서 참여하는 사업자들의 성향은 모험심이 강하
며, 소득에 대한 욕구가 이 사업을 선택하는 가장 큰 이유
가 된다.

이 단계에서 회사는 사업자를 모으기 위해 과부하 보상플
랜을 제시하기도 하고, 저가의 상품을 터무니없이 비싼 가
격에 판매하여 사업자들의 소득을 창출시키려는 방향으로
정책의 초점을 맞추게 된다. 소위 '떴다방' 들이 스쳐가는
시기이다.

그러나 창업해서 이 단계를 벗어나지 못하고 도산하는 경
우가 90% 이상으로, 네트워크 회사가 터무니없이 비싼 가
격으로 상품을 판매한다거나, 이 사업에 참여한 많은 사람
들의 도덕성을 의심받게 하는 등, 사회적으로 부정적인 이
미지를 형성하는 중요한 요인이 되기도 한다.

이 단계의 회사를 선택해야 한다면 창업자의 도덕성과 경영마인드가 가장 중요한 판단 요소라 할 것이다.

2) 제2단계 : 성장기

회사의 장기 존속 여부가 결정되는 시기이며, 1만명 이상의 사업자가 형성되어, 납품을 시도하는 회사는 많아지지만 아직 가격 경쟁력을 갖기는 힘든 상황이다. 이 단계도 조직 확장이 우선이나 판매도 일부 이루어지는 시기이다.

회사의 도덕성, 성장 가능성, 제품 라인업 및 회사 경영방향 등 윤곽이 나타나는 시기이며, 합리적이며 적극적인 성격을 소유한 사업자들이 참여하는 시기이다.

이 단계는 회사의 매출 성장 속도가 늦으면 소득 창출이 어려워진 사업자의 일탈로 회사가 지리멸렬하거나, 급속한 매출성장이 있을 경우 합법성, 도덕성 등 정부 기관으로부터 검증을 받는 시기이다.

이 단계를 성장을 통해 넘는 기업은 창업 기업수의 약 2% 정도라 할 수 있다. 이 시기의 회사를 선택해야 한다면 매출 신장에 따른 회사의 안정성, 합법성, 도덕성 및 경영자의 경영능력과 회사의 경영방향이 본인의 사업 비전 또는 목표에 부합되는 회사인지 판단해야 할 것이다.

3) 제3단계 : 도약 안정기

회사는 성장을 통한 안정 궤도에 진입하는 시기이며, 이 사업을 통한 '성공모델'들이 탄생하고, 합리적인 가격의 많은 우수 상품군이 형성되어 판매와 자가소비 등을 통해 폭발적인 회원증가가 이루어지는 시기이다.

이 시기에 참여하는 사업자의 성향은 이전에 한 분야에서 성공한 경험이 있거나 이미 경영마인드를 갖춘 하이클라스 직업군의 화이트칼라 계층이며, 1, 2 단계에 사업에 참여한 사업자들의 하위 라인이 업그레이드 되는 시기이다.

먼저 참여한 사업자들의 리더십 및 사업 지식, 열의가 요구되는 시기로 준비된 사업자들의 급성장이 이루어지는 시기인 동시에 준비되지 못한 사업자들이 도태되는 시기이기도 하다.

이 단계의 회사를 선택해야 한다면 성공모델들의 사업 방법을 파악해 보고 본인의 벤치마킹이 가능하다면, 그 회사를 선택하여 모방과 답습의 방법으로 사업을 진행하면 될 것이다.

이 시기는 이미 사업 방법이 정립되어 있는 시기이므로 사업자의 노력 여부에 따라 사업자의 고속 성장이 가능한 시기이기도 하다.

또한 리더십 등 많은 성공자들의 모습이 이미 노출되어

있는 시기이므로, 좋은 스폰서십으로 후원해 줄 수 있는 스폰서 라인의 선택도 중요한 요소가 된다.

4) 제4단계 : 완성기

네트워크 마케팅 방식을 채택한 유통회사의 완성단계이다. 이 시기의 상품은 일반적인 소비생활뿐 아니라 문화나 레저생활까지 지원하게 되며 법률상 규제를 받지 않는 모든 상품이 완벽하게 갖춰질 것이다.

올바른 보상플랜을 운영하는 회사라면, 더 이상 회원 중대에 힘을 쏟지 않아도, 우수한 상품과 사업자들이 형성한 신뢰로 인해 자발적인 소비자의 증가에 따른 매출 증대와 기존 회원들의 소비만으로도 회사는 지속적인 성장을 할 것이다.

이 시기에 사업에 참여한 사업자는 안정성은 높지만 많은 노력과 시간이 필요한 단계이며, 단순 소비자 회원들의 증가에 따른 판매 실적을 바탕으로 한 사업이 진행된다.

가장 먼저 이 단계에 진입한 1위 기업이라면, 유통 분야의 특성상 2위 이하의 기업들과의 격차가 따라 잡지 못할 만큼 크게 벌어지게 되며, 이 결과 자신들만의 유통 구조를 가진 많은 유명 상품들이 시장 점유율을 유지하기 위해 앞

다투어 입점될 것이며, 최고의 상품과 서비스가 아니면 이 회사의 유통망을 통해 유통되지 못할 것이다.

완성 가능성을 파악하는 데 일정 규모의 사업자 인프라의 구축 가능성은 가장 중요한 요소이다. 소비가 사업이 된다고 하는 소비자 마케팅에서는 소득이 만족할 만큼 발생하지 않으면, 사업을 포기하고 일탈하는 사업자가 많이 발생하여, 조직규모의 성장이 정체되어 완성 단계까지 올 수 있는 고정소비자 조직이 형성되기 어렵기 때문에 네트워크 마케팅 회사의 완성단계까지 갈 수 있다고 장담하기는 어렵다.

5. 올바른 네트워크 회사의 선택

1) 잘 팔리는 상품이나 서비스를 제공하는 회사 (사업 아이템)

가격 경쟁력이 있고 타사에는 없는 독창적인 상품을 제공해야 하며, 내구재보다는 재구매가 지속적으로 일어날 수 있는 소비재 위주로 구성되어야 한다. 이미 사용하고 있는 상품의 브랜드 체인지가 가능한 고품질의 일반적인 상품을 제공하는 회사라야 한다.

2) 공제조합에 가입되어 있는가를 확인하라

3) 업계 전문지를 참고하라

업계 전문지에 보도된 각종 자료를 참고하면 회사의 이미지, 수익 분포도, 성장 속도, 사회적 활동 등 전문적인 평가

자료를 비교 분석할 수 있다.

4) 언론의 평가를 확인해 보라

5) 재무상태를 확인하라

네트워크 마케팅 회사의 재무제표는 분석 관점이 일반 회사와는 다르다.

너무 부실 경영을 해 이익을 내지 못하면 회사가 오래 지속되지 못하고 도산할 수도 있지만, 너무 많은 이익을 냈다면 사업자에게 보상되는 부분이 작아, 사업자의 실질적인 소득 창출이 어려울 것이다.

사업자의 입장에서는 상대적으로 적은 이익을 내는 회사가 사업자에게 많은 보상을 하거나, 사업 진행을 원활하게 하는 등의 환경적인 지원을 한다고 판단할 수도 있을 것이다.

6) 소송 전력을 알아보라

선택하려는 회사와 회사 주요 인물들이 송사에 연루된 적이 있는지 알아보고 판결 결과를 알아보라.

회사의 급성장으로 인한 송사가 있었다면 그 결과를 확인하고 어떤 내용이었는지 확인하라. 사업에 관한 내용으로 송사가 진행되었고 그 결과가 좋다면 특별한 사업 방법의 변화가 없는 한 안전한 것으로 판단해도 좋을 것이다.

7) 성장단계를 확인하라

1단계 또는 2단계 초기라면 회사의 존속 여부를 장담할 수 없다. 2단계 후기(규제 과정을 겪고 결과가 좋은 경우) 또는 3단계의 회사라면 당신의 사업이 고속 성장을 기대할 수 있다. 4단계에 진입한 회사라면 안정성은 보장되나, 성공하는 데 많은 시간과 노력을 요한다.

8) 윤리적인 기업을 찾아라

합법적인 회사에서는 환불 내지 반품이 보장된다.

신규로 시작하는 사업자에게 엄청난 수입을 보장한다는 홍보는 삼가며, 열심히 노력하고 상품을 많이 판매하거나 하위조직을 많이 후원한 사람에게만 성공이 돌아간다고 강조할 것이다.

이 판단 기준을 안다면 사업자들이 자신의 수입만 떠벌리는 방식으로 사업을 전개하지 않도록 사전에 주의를 시켜야 할 것이다.

9) 성공 레벨까지 성취했던 사람들이 현재 얼마나 그 레벨을 유지하고 있는지 확인하라

사업을 선택할 때에는 누구나 성공 레벨성취를 목표로 한다. 기존에 성공 레벨에 올라갔던 사람들이 몇 %나 그 레벨을 유지하고 있는지 확인하라.

이 성공자 레벨까지 성취했던 사람의 70~80% 이상이 그 사업을 포기했다면, 그 보상플랜은 함정이 있거나 허구적인 것이고 당신이 갈망하던 성공도 백일몽이 될 수 있다.

10) 미래 지향적이며 발전가능성이 있는가?

① 정보화에 앞선 회사인가?
위성 TV방송, 인터넷 방송, 화상회의 등 기타 정보통신 서비스가 도입되었거나 도입할 계획이 있는가?

② 사업자에게 충분한 사업자료(턴키시스템)를 제공하는가?

③ '하이터치' 요소는 있는가?
상품, 서비스는 1:1판매가 쉬운 것이어야 한다.

④ 장기적인 성장전략이 있는가?

단일 제품, 서비스는 한계가 있다. 제품 다양화와 세계시장 확대 계획이 있는가? 전 세계 고객에게 상품과 서비스를 이동시킬 수 있는 유통망 구축이 가능해야 한다.

⑤ 합리적인 보상플랜인가?

전업자와 부업자 모두에게 기회를 부여할 수 있는 균형 잡힌 보상플랜을 제시하는가? 피해자가 생기지는 않는가? 진정한 성공의 가능성이 높은 보상플랜인가를 확인해야 한다.

11) 완벽한 회사는 있는가?

앞서 언급한 네트워크 마케팅을 도입한 유통회사로서 4단계까지 완성될 수 있는 가능성이 있고, 그 방향으로 진행되고 있는 회사가 있다면 상기 조건에 부합되어야 한다고 생각한다. 즉, 합법적이고, 윤리적이며 재정적으로 건실한 회사이면서 회사의 정보통신 현대화, 시장 및 제품라인 확대, 턴키시스템 제공, 보상플랜 보강 등에 현실적인 계획을 가지고 진행하고 있는 회사라면 이상적인 회사라 판단할 수 있다.

제4장 | 네트워크 마케팅의 명품

-유니온 마케팅(Union Marketing)

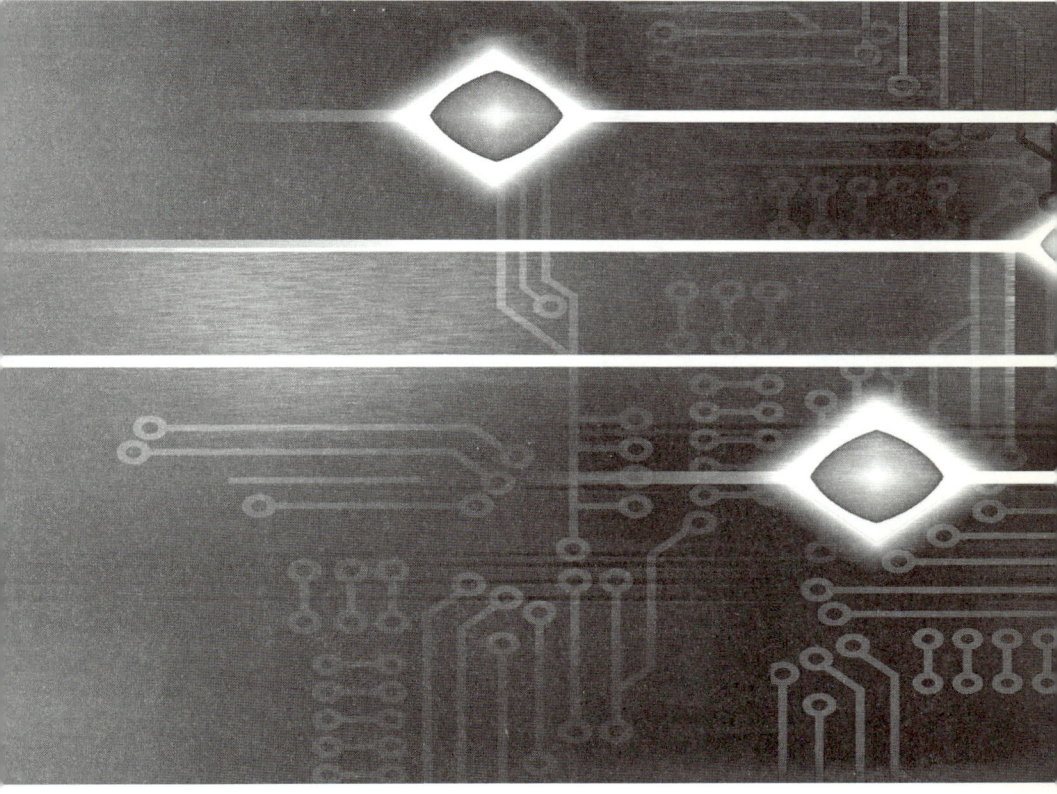

1. 중대한 사건

1996년 어느 날, 서울 강남에서 대형 입시학원을 운영하던 J원장에게 한 학생의 어머니가 찾아왔다.

그녀는 생명보험 회사의 판매 여왕으로 능력을 인정받는 설계사였으며, 대학원에서 석사 과정을 밟고 있는 인텔리 여성이었다. 그녀는 J원장에게 회원가입을 해달라고 부탁했다.

J원장은 혹시 골프클럽이나 콘도미니엄의 회원가입 요청인가 싶어, 무슨 회원가입이냐고 물으니까, 여성 기능성 속옷을 판매하는 네트워크 마케팅 회사의 회원가입을 해달라는 것이었다.

J원장은 그 말을 듣는 순간 몹시 화가 나서, 당신 같은 인텔리가 뭐가 부족해서 그런 피라밋 사기꾼 집단에 들어갔느냐? 감옥에 가고 싶어 미쳤느냐? 고 다그쳤다.

그러자 그녀는 네트워크와 피라밋은 다르고…… 하면서 애써 설득하려 했지만 그 말이 귀에 들리지 않았고, 아무튼

당장 나가라며 그 일을 계속한다면 그 동안 들어준 보험도 모두 해약해 버린다고 하며 쫓아내 버렸다.(J원장은 월납 1천만원 정도의 대형 고객이었다.)

그녀가 돌아간 후 J원장은 골똘히 생각을 해보게 되었다. 그녀의 아들은 재수를 하고는 있었지만 성적이 우수해 장학생으로 학원에 다니고 있었고, 남편은 시중은행의 지점장으로 재직중이면서, 그녀 또한 사회생활에서 남보다 인정받는 사람이었다. 그런 상황의 그녀가 네트워크 사업을 시작했다면, 자신이 뭔지는 몰라도 잘못 알고 있을지도 모른다는 생각이 들었다.

J원장은 곧 바로 주변 대형 서점에 들러 여직원에게 네트워크인지 피라밋인지 하는 책이 있느냐고 물었고, 여직원은 손가락으로 가리키며 안내했다. 그 코너에는 이미 수십 종의 네트워크 마케팅에 대한 책들이 나와 있었다. 잠시 무식을 폭로한 것 같아 책 앞에서 묵념을 하고 서너 권의 책을 구입해 왔다.

J원장은 학원 이외에도 몇 개의 회사를 경영하고 있었다. 어느 날 새벽까지 책을 읽던 중 네트워크 마케팅 기법에 매료되어, 세상에 이런 환상적인 판매 방식이 있다니 하고 감탄을 금치 못했다. '이렇게 좋은 사업이라면 내가 왜 남의 회사에 회원가입을 해, 내가 직접 회사를 설립해야지' 라고 생각했다.

이튿날 아침. 결재판을 들고 온 임원들에게 내가 네트워크 회사를 설립한다고 말하자, 임원들도 어안이 벙벙하고 놀라는 눈치였다.

그리하여 본인이 경영하면서 적자 운영되던 컴퓨터 제조회사의 판매 방식으로 네트워크 마케팅 방식을 도입해 회사를 설립하였다.

그 후 그 컴퓨터 회사는 동종업종 2위의 시장점유율을 확보하며 성장하였고, 1년여 만에 회원도 5만 3천명이나 형성되었다.

컴퓨터를 상품으로 네트워크 마케팅 회사를 경영하던 어느 월말 쯤, 상품 주문 창구 앞에 할머니 사업자가 2천여 만원 상당의 컴퓨터를 주문하는 것을 목격하였고, 그 할머니 사업자에게 "컴퓨터를 사용할 사람이 많은가 봐요?"라고 물었다.

그러자 그 할머니 사업자는 "컴퓨터를 쓸 사람이 한 사람도 없어요"라고 대답했다.

"그러면 왜 컴퓨터를 사느냐"고 재차 물었다.

할머니 사업자는 "나 이번달에 직급 가야 돼요."라고 대답했다.

당시 그 회사는 월 마감의 직급 마케팅을 보상플랜 기법으로 채택했었다.

J원장은 머리를 둔기에 맞은 것 같은 충격을 느꼈다.

며칠 후, 그 할머니 사업자가 용달 화물차에 컴퓨터를 싣고 가는 것을 발견하고, 직원을 시켜 할머니 사업자가 어디로 가는지 따라가 보라고 지시한 결과, 용산 전자 상가에서 구매 가격의 반값에 처분했다는 것을 알아냈다.

그 순간 이 일은 컴퓨터 판매 회사가 아니라 피해자 생산 공장을 하고 있다는 생각이 들며 심각한 고민에 빠졌다. 왜 이론상으로는 환상적인데 실제는 이렇게 엄청난 일이 벌어질까?

해결할 방법이 없을까? 고민하던 중 일단의 문제가 상품 구성에 있다고 생각하고, 생활 속에서 꼭 필요하고 소비재로 끊임없이 재구매가 일어나는 상품군을 구성하기 위해 노원구에 있는 한 백화점을 인수하기 위해 계약을 체결했다.

이 때가 PCS가 보급되기 시작한 시기였다. 이미 5만명 이상의 사업자를 보유했던 터라 그 중 한 회사와 PCS 기기 판매 및 사용료에 대한 대리점 계약이 쉽게 이루어졌고, 통신 사업에 진출했다.

이 시기는 PCS 가입자 확보를 위해 동종업계의 과열 경쟁이 있던 때이기 때문에 대외 경쟁력을 확보하기 위해 기기 판매 마진을 포기하라는 제의를 받고 이를 수락하였으나 통신기기 제조사와 통신사업자간의 업무처리 절차에 대한 파악 미숙과 대기업의 횡포로 인해 자금 흐름에 문제가 생겨 결국 회사는 도산하고 말았다.

이 사건을 '중대한 사건' 이라고 부제를 정한 이유는 이 사건으로 인하여 J원장이 네트워크 마케팅 업계로 진입한 계기가 되었으며, 오늘날 이 산업 분야의 발전과 유통의 패러다임을 바꿔 가는 선구자의 역할을 하고 있기 때문이다.

2. 네트워크 마케팅의 보상플랜 분석
(종적 조직 마케팅의 한계)

회사가 도산한 후 J원장은 21개월여의 연구 기회가 있어, 현존하는 모든 네트워크 마케팅 회사의 보상플랜을 분석해 보았다. 그 결과 종적조직 구조를 가진 99%의 보상플랜이 피해자를 양산할 수밖에 없다는 결론이 나왔다.

이와 같은 결론을 내릴 수 있었던 이유를 토대로 그 한계성을 분석해 보면 다음과 같다.

1) 월, 주단위 마감(사재기 요인)

월(주)마감의 판매 실적을 결산한 결과로 직급 취득 또는 수당을 받고 나면, 다음 달 시작시 실적이 Zero화(클리어) 되기 때문에 더 높은 비율의 수당을 받거나, 직급을 취득하기 위해 사재기 심리가 작용하고, 하부라인에 사재기를 종용하거나 본인의 사재기가 이루어진다.

회사는 실제 이것을 활용하여 매출을 증대시킨다. 즉, 구매 금액에 비해 턱없이 적은 수당을 받으면서도 이와 같은 일을 반복하게 되어 큰 피해 결과를 만들게 된다.

2) 구조적인 문제

본인 하위라인의 판매 실적이 소득 창출의 재원이 되기 때문에 끊임없는 조직 확산이 이루어지지 않으면 소득이 발생되기 어렵다.

또한 하위라인의 판매 실적에 의한 소득 산출로 상위자에게 소득이 편중될 수밖에 없으며, 일부 보상플랜은 1만명중 1명(0.01%) 정도의 성공자 배출 구조로 되어 있어 99.99%는 피해자로 전락할 수도 있다. 또한 하위조직을 형성하지 못하는 경우 수당을 지급받을 수 없어, 본인의 구매 금액이 피해로 다가오는 경우가 많다.

3) 직급 추월/직급 유지

본인의 하위라인 사업자에게 동일 직급 내지 직급 추월을 당하면, 본인이 육성한 그룹임에도 불구하고 수당을 받지 못하거나, 아주 적은 수당만 받게 됨으로써 베팅에 의한 상위 직급 취득을 유도한다. 또한, 한 번 취득한 직급 유지를 위해 판매 실적 미달시 끊임없이 사재기를 해야 하는 경우도 있다.

4) 상품의 구성

소규모 상품군으로 운영되는 대부분의 회사는 특화된 상품으로 구성되어 있어, 판매가 거의 불가능하며 상품을 판매하는 것이 아니라, 고소득을 올리는 사업의 기회라 하여 보상플랜을 판매하는 경우가 많다.

즉, '조직=판매' 형태의 사람 장사와 같은 사업을 진행할 수밖에 없다.

5) 시간의 한계

"당신의 짜투리 시간을 투자해서 현재 올리는 소득의 10%~20%의 추가 수입을 얻을 수 있는 사업이 있다면 관심이 있습니까?"

당연히 관심이 있을 수밖에.

"그 사업을 5~8년 지속적으로 한다면 월 1000만원 이상의 소득도 평생 올릴 수 있다면 좋습니까?"

당연히 좋을 수밖에.

하지만 조심하라!

분명 사업은 소득을 올리는 데 목적이 있다. 소득이 창출되지 않는 데 더 이상 그 사업을 계속할 이유가 없는 것 아닌가? 종적 조직구조의 보상플랜으로는 조직을 육성해 소득을 올리는 데 시간과 비용이 너무 많이 소요되어, 소득의 성장 속도보다 지출이 많아, 추가 수입원을 원했던 당신이 추가 지출을 이기지 못해 결국은 사업을 포기하게 되고, 엄청난 시간과 재정적 손실을 초래할 수 있다.(성공확률 0.01%=1/10000)

6)진실성의 결여

실질적으로 이 사업에 성공하기까지 많은 시간과 경비가 소요된다는 사실을 안다면, 많은 사람들이 이 사업에 동참할 확률이 없어진다. 그래서 성공을 가장하게 되고 지출 규모를 증대시킬 수밖에 없어, 사업 중단시 엄청난 후유증을 동반한다.

3. 실패자의 사명
(제이유 네트워크의 탄생 이유)

네트워크 마케팅 기법이 피해를 발생시킬 수밖에 없다면 지구상에서 네트워크 마케팅 회사는 모두 없어져야 하지 않을까?

J원장은 여기서 몇 가지 의문을 갖게 되었다.

첫 번째, 네트워크 마케팅 회사가 계속 존속할 수 있을 것인가?

당연히 그렇다는 결론이었다. 왜냐하면 세계 최강국인 미국에서 시작되었고 많은 미국계 회사들이 자국의 커다란 후광을 받고 있어, 우리나라에서는 통상마찰 등을 피하기 위해 사업을 존속시킬 수밖에 없다.

두 번째, 현재 1위 하는 기업을 이길 수 있을까?

당연히 그렇다는 결론이었다. 그 당시 1위 기업이 연륜이 긴 회사이다 보니 기업 이미지나 상품 구성에는 시간이 다소 걸린다 하더라도, 실질적으로 피해자 없이 성공자를 많이 배출하는 보상플랜을 운영한다면, 당연히 단기간 내에

이길 수 있다고 판단했다.

세 번째, 단 한 명의 피해자도 만들지 않으면서 많은 성공자를 배출할 수 있을까?

이것 또한 당연히 그렇다는 결론이었다.

그렇다면 위 세 가지 질문에 '할 수 있다'는 결론을 내릴 수 있었던 이유는 무엇일까?

그것은 피해자를 만드는 정확한 이유를 알기 때문에, 그 반대 방향에서 접근하면 제기된 문제는 해결될 수 있기 때문이었다.

J원장은 책을 읽다가 환상에 빠져 회사를 설립하고, 5만3천명의 피해자를 만들었던 장본인으로서(물론 직접적인 경제적 피해는 모두 배상해 주었음) 커다란 책임감을 느꼈다. 왜냐하면, 그들이 J원장이 경영하던 회사의 네트워크 사업을 하기 위해 직장을 그만뒀고, 신용을 잃게 되었으며, 인간관계가 깨지고, 주위 사람들에게 질시와 능멸의 눈초리를 받는 등 돈 이외의 많은 것을 잃게 했다는 사실을 알게 되었기 때문이다.

그들에 대한 진정한 보상 방법은 이 나라에 피해자가 단한 사람도 없고, 많은 성공자를 배출해 내는, 후손에 물려줄 수 있는 회사를 만들어주는 길만이 더 이상 종적 조직마케팅에 의한 피해자를 만들지 않고, 지은 죄 값을 하는 것이라 생각했다.

거기에다 국내 유통시장을 외국 기업이 장악함으로써 엄청난 유통이익이 빠져 나가는 국부의 유출 가능성을 막아야 한다는 사명감을 갖게 되었던 것이다.

또한 네트워크 마케팅 사업의 우수성이 피해자 없이 완성될 수 있다면 중소제조업체를 살리고 농어민을 살리며, 실업자를 구제하고 많은 성공자를 탄생시키며, 남을 배려하는 국민성으로 바꿀 수 있고, 국가 경제를 살리는 데 이바지할 수 있는 최고의 가치가 있는 환상적인 사업이라는 결론에 이르게 된 것이다.

오늘날 많은 사람들의 인정을 받을 수 있고, 이 회사가 급성장을 할 수 있었던 원동력은, 제이유 네트워크의 창업자가 이 사업에 대해 남다른 가치를 부여하였고, 특별한 사명감을 가졌기 때문인 것으로 판단이 된다.

4. 출발의 철학

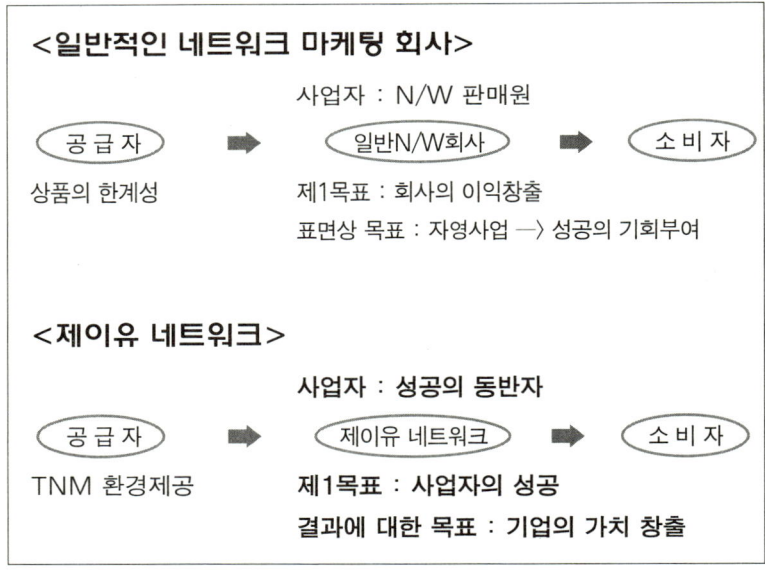

일반적인 네트워크 마케팅회사는 무점포 판매방식을 채택한 유통회사의 한 형태로서, 그들이 판매하는 방식을 방문판매나 통신 판매가 아닌, 구전 마케팅 기법인 네트워크 마케팅 방식을 선택한 유통회사일 뿐이다.

일반적인 네트워크 마케팅 회사들의 첫 번째 경영 목적은 회사의 이윤창출이며, 이 회사의 사업자는 디스트리뷰터, 회원, 사업자, 사장님, 프로슈머, 디슈머 등 다양하게 불리워지지만 판매원 신분일 뿐이다.

그런데 이와 같은 회사들은 회사의 이윤창출 목적보다는 사업자들에게 자영사업의 기회를 주어 그들의 성공을 돕는다는 명분을 강하게 부각시키고 있지만, 그와 같은 사업 환경에서는 사업자들의 성공확률이 낮을 수밖에 없다. 왜냐하면 회사의 이윤과 사업자의 소득은 서로 충돌할 수밖에 없는 요소이기 때문이다.

연륜이 오래된 회사라면 등록되었던 회원수와 현재 활동하는 회원수를 비교해 보면 이 사실을 쉽게 파악할 수 있다. 끊임없이 물갈이 되는 사업자들에 의해 회사는 살이 찌고, 회사의 이윤은 사업 환경 개선에 활용되지 않고, 대부분이 주주 배당을 위한 목적에 쓰이고 있다는 것을 발견할 수도 있을 것이다.

진정으로 성공한 네트워크 마케팅 회사는 회사와 사업자 모두가 성공한 회사이다. 과연 그런 회사가 만들어질 수 있을까?

제이유 네트워크는 진정으로 성공한 최초의 회사를 만들어, 사업자들이 명함을 바꾸지 않는 회사로 완성시켜, 후손에게 대대로 물려주겠다는 창업자의 철학으로 출발한 회사이다.

생각을 바꾸면 가능한 일이었다.

제이유 네트워크의 창업자는 사업자들을 단순히 판매원의 신분이 아닌, 회사 성공의 동반자로 생각했다. 회사 경영 목적의 첫 번째 우선순위를 '사업자의 성공'에 두고 사업자의 성공을 발판으로 '기업의 가치를 창출'한다는 고차원의 경영 목표를 세웠던 것이다. 바꾸어 말하면, 사업자를 성공시키지 못하면 회사의 존재 이유가 없을 뿐 아니라, 존속된다 하더라도 최초의 경영 목표를 달성할 수 없다고 생각한 것이었다.

기업의 가치 창출이란 무엇인가? 일반 기업이 단순히 상품판매에 대한 이익을 추구하는 1차원적인 생각이라면, 제이유 네트워크는 "성공한 사업자가 기업의 최고의 자산"으로 생각하고, 그들을 성공시키기 위해 지원하는 사업의 인프라(계열사, 관계사, 협력업체 등)들이 동반 성장하게 되면서 큰 가치를 인정받게 된다.

이와 같이 인정된 가치는 회사를 평가하는 데 반영하게 되며, 회사의 가치를 평가한 결과가 바로 주식의 가격 즉, 주가인 것이다. 주가가 높게 평가되는 기업이 가치가 있는 기업이다. 21세기의 진정한 부자는 가치 있는 주식을 많이 소유한 자이며, 기업의 가치를 창출해 내는 사람이 부자이고 진정한 성공자인 것이다.

즉 회사가 사업자를 먼저 성공시키기 위해 지원하지만, 성공한 사업자들의 힘은 다시 회사의 각종 인프라의 성장에 지대한 역할을 해, 상상을 초월하는 기업의 가치를 창출한다는 생각으로 고차원적인 성공을 추구하자는 것이었다. 이 지원 인프라의 폭발적인 성장은 제이유 그룹 전체의 성공 원동력이며, 진정으로 가치 있는 기업군으로 완성시키게 되는 것이다. 이 환경의 차이가 제이유 사업자들의 높은 성공 확률을 보장하는 이 기업의 철학이 된 것이다.

"Give and give! 주고 또 주어라!"

그러면 그 결과로 엄청난 것이 자신에게 돌아온다는 결론이었다.

진정으로 성공한 회사를 만들기 위해 제이유 네트워크의 창업자는 무차입 경영(빚 없는 회사), 비족벌 경영, 투명 경영, 준법 경영, 정도 경영의 방침을 가지고, 창업 이래 단 하루도 쉬지 않고 노력하고 있으며, 출발의 철학과 노력은 이미 타의 추종을 불허하는 동종업계 1위 기업이 되는 기적을 창출했다.

또한 이 출발의 철학은 단순히 네트워크 마케팅 업계를 경쟁상대로 생각하지 않았고, 네트워크 업계의 1위를 거쳐가는 과정일 뿐이며, 완성된 네트워크 마케팅을 통해 유통의 개념 자체를 바꾸는 제2의 산업혁명과 같은 '유통혁명'의 씨앗이 된 것이다.

출발점과 목적지가 올바로 선택된 상황에서 강한 추진력과 목표 달성에 대한 신념이 세간의 주목을 끌기에 충분한 기적을 창출해 내고 있는 것이다.

<각종 지원 인프라>

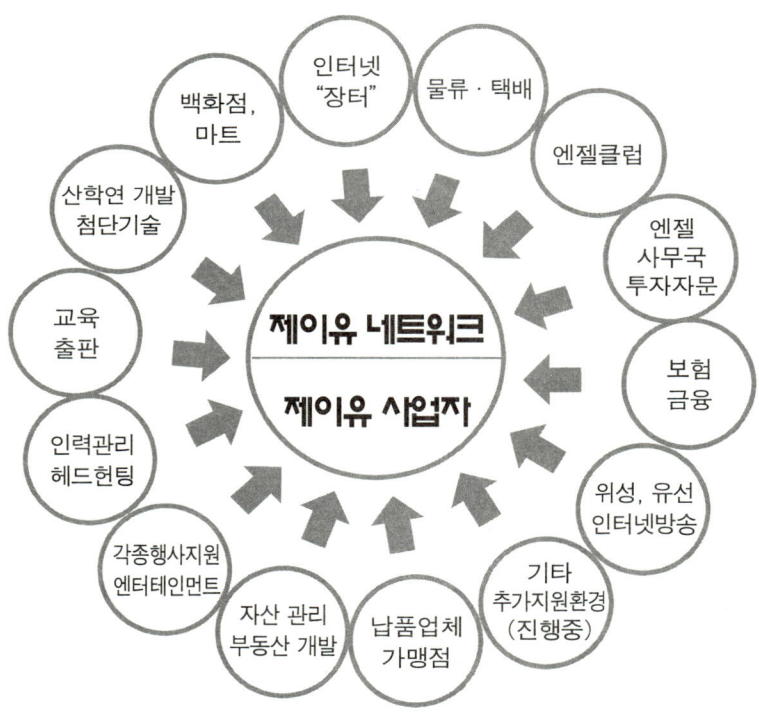

사회적으로 부정적인 이미지를 불식시킬 수 있는 환경을 조성하는 데 지원 인프라는 대단히 중요한 역할을 한다.

5. 소비생활 마케팅의 탄생과 TNM
(Total Network Marketing)

1) 발상의 전환

J원장은 네트워크 마케팅 사업에서 피해자가 생기지 않으려면 기존의 피해발생 요인을 없애거나 변화시켜야 한다고 생각했다.

사업자들의 네트워크 마케팅 사업에 대한 실질적인 성과는 '판매와 조직 확장'에 있다.

판매는 전문적인 테크닉을 요하는 일이기 때문에 남에게 무엇인가를 판매한다는 것은 대단히 어려운 일이다. 조직 확장 또한, 협상과 설득으로 남을 움직여 사업에 참여하게 하는 일이며 판매보다도 어려운 일이다. 조직 확장도 어렵지만 이미 형성된 조직을 유지하는 일은 더더욱 어려운 일일 것이다.

그 어려운 일을 2가지나 해내야 성공하는 사업이라면, 어떻게 많은 성공자를 배출할 수 있을까? 하고 고민하게 되었다.

어떤 분야의 일에서 성공하려면 그 일에 미쳐야 한다. 그 일에 미치려면 재미가 있어야 한다. 재미가 있으려면 그 일이 쉬워야 한다. 그 일이 쉽게 느껴지려면 그 일은 단순해야 한다.

그렇다면 '판매와 조직 확장'을 어떻게 단순화 할까? 하는 고민 끝에 답을 찾게 되었던 것이다.

J원장은 내가 남에게 판매하는 일은 어렵지만 내가 나에게 판매하는 것은 단순하고 쉬운 일이며, 그 일을 통해 성공할 수 있다면 재미를 느끼고, 그 일에 미쳐 다른 사람에게도 전달하려 시도할 것이며, 다른 사람도 쉽게 받아들여 조직 확장으로 이어질 것이라는 결론을 얻게 된 것이다.

즉, 본인이 소비한 것이 판매한 결과가 되어 그에 대한 소득이 창출되도록 한다는 것이 소비생활 마케팅의 착안점이었다.

'조직= 판매'의 개념을 '소비=판매'의 개념으로 전환시킨 것이다.

조직 확장의 어려움이 이 사업을 선택하지 않는 이유이고, 피해를 유발하는 원인이라면, 단 한 사람의 하부조직을 형성하지 못해도(그럴 일은 없지만) 본인의 소비만으로도 소득이 창출될 수 있기 때문에 단 한 사람의 피해자도 생기지 않을 것이라 생각했다. 또한 이미 이 사업을 시작한 사람들은 그들의 소비생활 방법을 바꾼 것이며, 그에 의한 소득 창출의 기회가 있는 한 계속 이 방법으로 소비할 수밖에 없을 것이라는 생각을 하게 되었던 것이다.

새로운 방향으로 개념은 정립되었다! 그렇다면 현실적으로 모든 소비생활을 한 곳에서 할 수 있는 환경이 제공되어야만 소비가 소득으로 이어질 수 있다는 결론을 내렸던 것이다.

이와 같은 이유에서 제이유 네트워크는 토탈 네트워크 마케팅(TNM)이라는 새로운 사업 환경을 만들어 사업자들을 지원하고 있는 것이다.

TNM을 도입한 회사가 탄생되어 일부 특화, 내지 한정된 상품만 취급하는 회사들로 인해 형성된 부정적인 이미지를 해소하고, 네트워크 마케팅이 새로운 유통의 방법으로 정착될 수 있을 것이라고 본다.

2) TNM(토탈 네트워크 마케팅)

TNM이란 네트워크 전용상품 이외에 ON-LINE상의 전자 상거래 상품(www.jangtor.com/ID)과 OFF-LINE상의 백화점, 마트 상품, 가맹점 상품으로 구성된 제이유 네트워크의 상품 및 서비스 공급 시스템으로 이 모든 상품 및 서비스에 수당을 지급하는 기준치(PV, SP)를 부여하여, 본인이 TNM으로 제공된 상품의 판매 실적에 따라 제이유 네트워크의 보상플랜에 의해 네트워크 마케팅 방식으로 수당을 지급하는 시스템을 말한다.

세계 최초로 백화점, 마트, 가맹점의 유점포 형태의 유통상품에 네트워크 마케팅 기법을 도입한 것으로, 이는 진정한 소비생활 마케팅의 성공 전제 조건이기도 하다.

① 네트워크 전용 상품

네트워크 마케팅의 취지인 직접 판매 방식의 장점을 살려 제조업체로부터 직접 공급 받아 오로지 제이유 네트워크의 회원 인프라를 통해서만 판매되는 상품이며, 사업자들에게 많은 이익을 돌려줄 수 있는 상품 위주로 구성된다.

각종 생활용품류, 가전상품류, 패션상품류, 화장품류, 식품류, 교육상품류, 기타 특판상품류, 농어촌 살리기 기획 상품류 등 총 1천 가지가 넘는 다양한 상품들로 구성되어 있다. 네트워크 전용상품은 각 상품마다 얘기거리가 있고, 우수한 기능을 가진 상품들로 자랑만 하면 쓸 수밖에 없는 상품들로 구성되어 있다.

제이유 네트워크 전용상품의 개발 방향은 '품질 및 기능은 최상으로, 가격은 합리적으로, 회원 보상(PV, SP)은 최고로'라는 슬로건으로 개발되고 있다.

또한, 네트워크 전용상품 중 동일한 상품의 가격이 다른 곳보다 5% 이상 비싼 상품을 발견해서 신고하면, 1천만원을 시상하는 '동일상품 최저가격 보상제'를 운영하고 있어, 네트워크 회사의 상품은 가격이 비싸다는 소비자의 생각을 바꿔 놓았다.

이 상품들은 활용하는 사업자에 따라 브랜드 체인지 개념만 가지면 부담 없이 쓸 수 있는 생필품류를 80% 이상 구성하고, 특화된 20% 정도의 상품은 완전히 차별화 하여 적극적인 사업자들의 사업 아이템으로 활용하도록 구성되어 있다.

② 백화점, 마트상품

전국 주요 도시에 산재해 있는 백화점 마트는 각 지역의 환경에 맞게 저렴한 가격에 상품을 판매하며, 일반적으로 다른 곳에서도 구매할 수 있는 상품들로 구성되어 있다.

사업자들의 혜택은 기존에 이용하던 마트에서 거래처를 바꾼다는 개념으로 활용하면, 상품에 따라 상이하기는 하나 구매금액의 약 5% 정도의 PV가 판매 실적으로 누적되는 것이다. 현재 14개의 직영 백화점, 마트를 운영중이며 전국에 직영마트와 가맹점 형태의 마트를 지속적으로 늘려나간다는 목표를 두고 있다.

유통의 변화에서 언급한 '슈퍼 슈퍼마켓'의 기능을 가진

'JU 25마트'를 개설하기 시작했으며 전국에 2,000~3,000개를 오픈할 예정이다. 'JU 25마트'는 일반적인 대형할인매장의 상품을 갖추고, 가격수준을 맞춤은 물론, 진열하지 못한 상품도 카탈로그를 비치해 배달 서비스로 판매하며, 일부 네트워크 전용 상품을 웰빙상품으로 진열 판매하는 방식으로 다른 마트들과 차별화해 경쟁력을 갖추고 있다고 자랑한다.

③ 인터넷 백화점 '장터' (www.jangtor.com/ID)

'장터'에는 수만 가지의 상품이 입점되어 있으며, 제이유 네트워크의 회원이 되면 각자의 ID를 부여받고, 개인의 쇼핑몰을 구성하는 쇼핑 가이드로 등록할 수 있으며, 본인의 ID를 로그인하여 구매하면 쇼핑 가이드 포인트 적립 또는 PV, SP로 적립되는 시스템을 제공한다.

타인에게 본인의 ID를 홍보하여 다른 사람이 본인의 쇼핑몰에서 구매한 경우도 본인의 실적으로 누적되는 시스템이다. 즉, 장터의 ID를 갖게 되면 개인의 인터넷 쇼핑몰을 운영하는 사장의 신분으로 바뀌게 된다.

④ 가맹점

일반적으로 개인이 운영하는 자영사업은 조직의 힘으로 지렛대 효과를 시스템으로 활용하는 네트워크 마케팅과 비교하면 매출 등 영업실적의 기복이 매우 심하다.

이와 같은 현상의 발생 원인은 개인이 100% 투자해서 하는 사업이기 때문에 소비자에게는 상품 또는 서비스 공급으로 끝나고, 거기에서 발생하는 이익은 100% 자영 사업자에게 돌아가게 되므로 지속적인 소비자 집단이 형성되지 않기 때문이다.

이와 같은 현실에서 착안해 이미 수많은 고정 소비자 조직을 형성한 제이유 네트워크와 파트너십을 형성하여, JU 회원들이 개인 영업장을 이용시, 그들의 구매 실적에 PV를 부여하여 제이유 네트워크의 보상플랜에 따라 일정 이익이 회원에게 환원되도록 운영되는 시스템이 바로 가맹점 제도이다. 이 가맹점 시스템은 회사, 사업자, 가맹점 입장의 절묘한 조화로 모두에게 이익이 창출되는 윈윈 시스템(win-win system)이다.

즉, 회사의 입장에서는 사업 아이템 영역의 무한 확장을 가능하게 하며, 직접 투자 없이 수익을 창출할 수 있는 기회가 된다. 또한 사업자의 입장에서는 다양한 서비스를 제공받아 사업 진행 및 조직 확장에 좋은 환경이 완성되며, 가맹점의 입장은 고정 소비자 확보로 사업의 안정성 및 성장 가능성이 높아지고, 가맹점주에게 제이유 사업의 기회를 부여하여 회사의 성장을 바탕으로 한 동반 성장을 유도하고 있다.

현재(2005년 11월) 약 1,500여개의 가맹점이 형성되어 있으며, 앞으로 약 10만 가맹점의 구축을 목표로 하고 있어, 이 목표의 실현이 제이유 네트워크를 통한 100% 소비생활의 가능성을 제시한다.

또한 제이유 사업자가 운영하는 자영 사업장에 가맹점 체결 기회를 부여함은 물론, 운영 관리 체계나 시스템을 정비하고, 회원이 아닌 자영 사업자나 이미 전국적으로 형성된 조직망을 가진 회사들에게도 수수료에 대한 채권 확보를 전제로 문호를 개방하여 가맹점 증가 속도에 엄청난 가속도를 붙이고 있다.

⑤ TNM의 역할

제이유 네트워크가 추구하는 '소비=판매' 즉 '소비생활 마케팅'에 제공되는 사업 환경 및 사업 영역은 사람이 태어나서 죽을 때까지, 아침에 눈을 떠서 저녁에 잘 때까지 필요한 모든 상품과 서비스를 제공한다는 목표를 제시하고 있다.

현실적인 상황은 단일 상품의 가격이 130만원 이상인 경우는 네트워크 마케팅 기법으로 판매할 수 없도록 한 법률 조항이나, 금융, 보험, 의료 서비스 등 제한하고 있는 상품이 있어 아직은 그 목표를 100% 실현하기 어려우나, 미국 네트워크 마케팅 시장의 모습을 보면 거의 모든 상품이 판매되고 있어 우리나라도 그렇게 될 날이 반드시 오리라고 믿는다.

또한 법에서 사업자에게 지급할 수 있는 수당은 매출액의 35% 범위내로 제한하고 있어 전용상품만 가지고 운영하는 경우는 사업자들이 만족할 수 없게 된다.

TNM상품 중 장터나 백화점, 마트 상품의 경우는 일반 유통경로에서 상당한 유통비용이 소모된 경우가 많아 전용상품에 비해 상대적으로 낮은 비율의 PV, SP가 적용될 수밖에 없다. 그렇지만 전체 매출의 35% 이내에서 지급하면 되기 때문에 전용상품 매출액을 기준으로 산정하면, 전용상품만으로 운영하는 회사보다 상대적으로 높은 수당을 지급받을 수 있는 환경을 제공하여, 사업자의 성공을 첫 번째 목표로 하는 제이유 네트워크가 사업자들에게 실질적인 성공 환경을 제공하는 역할도 TNM 시스템이 담당하는 것으로 판단된다.

⑥ 정보를 공유하는 위성방송 시스템

네트워크 사업은 정보를 전달하는 사업이다. 그렇기 때문에 최신의 정보를 빠른 시간에 전달하고 공유하는 시스템이 필요하다. 많은 네트워커들이 이 일을 하기 위해 엄청난 시간과 경비를 길바닥에 버리게 된다.

그러나 제이유 네트워크는 무궁화 3호 위성을 통한 위성방송 시스템을 갖추고, 회사의 정보전달이나 사업진행교육, 상품홍보교육 등을 각 지점, 센터, 교육장, 가맹점 등 사업 현장에 실시간으로 제공하고 있다. 이 시스템을 통하여 최신의 정보나 회사의 정책을 동시에 공유하며, 매일 아침 진행되는 화상회의를 생중계하여 회사경영에 관한 모든 사항을 공개하고, 건의함 제도를 통해 사업자의 언로를 열어 놓고 반영하는 투명경영을 실현하고 있다.

이와 같은 내용은 제이유 네트워크 인터넷 홈페이지(www.junetwork.net)를 통해 편집 없이 동영상으로 공개되어 세계 어느 곳에서나 사업을 진행할 수 있게 한다.

이와 같은 미디어를 통한 사업 시스템의 제공은 제이유 사업자의 각 가정에까지 제공되어, 가정에서도 사업을 진행할 수 있는 홈 비지니스를 가능하게 하며, 마치 홈쇼핑과 같은 사업이 네트워크 마케팅에 접목되는 기능도 할 것이라 본다.

즉 TNM의 사업 환경이 미디어를 통하여 확산되고, 사업자들의 사업진행을 지원하는 훌륭한 시스템을 제공하고 있어 다른 회사들의 사업지원 시스템 구축에 방향을 제시하고 있다.

6. 유니온 마케팅(Union Marketing) 플랜

토탈 네트워크 마케팅(TNM) 시스템으로 제공되는 모든 상품과 서비스를 통해 소비생활을 한 결과로 소득이 창출되는 구체적인 보상방법을 규정한 제이유 네트워크의 보상플랜이 유니온 마케팅 플랜이다.

유니온 마케팅 플랜은 기존 네트워크 마케팅 플랜의 우수한 개념은 살리고, 각종 피해 발생 요소는 삭제 또는 수정 보완하여 피해자 없이 많은 성공자를 배출할 수 있도록 하겠다는 창업자의 의지를 담고 있다.

1) 기존 네트워크 마케팅의 문제점 보완

① 구조적인 문제(종적 조직의 한계)

기존 네트워크 마케팅의 구조적인 모순이 자신으로부터 형성된 하부조직의 판매 실적에 의해서만 소득이 발생되는 종적 구조이기 때문에, 이미 형성된 회사의 전체 조직이나 앞으로 형성될 회사의 모든 조직 등 횡적 조직에 의해 발생하는 회사의 매출도 자신의 소득(본인이 일정 판매 실적을 달성했을 경우)이 발생하는 재원이 되도록 해, 즉 종적 조직과 횡적 조직 모두가 나의 소득에 기여하도록 함으로써 본인이 하부조직을 육성하지 못한 경우에도 피해를 보지 않고, 소비(판매) 실적에 따라 소득 창출의 기회가 주어진다.

② 마감 제도의 문제점

월 마감, 주 마감 제도로 올 수 있는 사재기형 매출이 발생하는 문제는 일일 마감 제도와 무한 누적 판매 실적을 인정하는 제도로 보완하였다.

즉, 본인의 회원 가입 후 강요되는 판매 실적 달성 규정은 전혀 없으며, 일정 판매 실적을 달성해야 하는 기한도 두지 않아 개개인의 여건에 맞춰 편안하게 사업을 진행할 수 있도록 했다.

그리고 한 번 달성한 실적이 클리어(zero화) 되지 않고 계속 누적 인정됨으로써 회사와 사업자의 관계를 지속적으로 유지하고자 하는 의지가 담겨 있다.

또한 일일마감 제도는 월마감 제도하에서는 불가능한 초기 사업자의 소득 창출 가능성을 보완해 사업 초기에도 고

소득을 올릴 수 있는 기회를 부여한다. 즉, 본인의 노력 여하에 따라 시간을 낭비하는 피해 가능성을 배제했다.

③ 직급 추월과 직급 유지

제이유 네트워크의 직급 제도는 단순 동기부여 수단의 명예 직급으로서 하위라인의 직급 추월에 따른 불이익이 전혀 없으며, 베팅에 의한 상위 직급 취득 자체가 불가능하다. 또한 직급 유지를 위한 강제조항을 둘 필요가 없으므로 사재기 매출에 의한 폐단을 없앴다.

이와 같은 직급제도의 운영은 네트워크 마케팅의 진정한 가치라 할 수 있는 '다른 사람을 성공시켜서 나의 성공을 이루는' 개념의 실현을 가능하도록 하고 있다.

2) 유니온 마케팅 플랜(Union Marketing Plan)

여기에서는 구체적으로 제시되는 수치보다는 각각의 플랜이 담고 있는 개념과 의미를 분석해 보는 기회를 갖기로 한다.

보상플랜에서 회사는 사업자에게 두 가지 역할을 요구하고 있다.

첫째, 회사의 TNM시스템을 통해 지속적으로 소비하는
　　　고정 소비자의 역할
- 이 역할은 현재의 소비생활에서 브랜드 체인지 또는 거
　래처를 바꾸는 것 이외에는 변할 것이 아무 것도 없다.
　즉, 소비생활 방법을 바꾸는 것이 사업이 되도록 했다.
둘째, 회사가 제공하는 기회(소비가 소득이 되는)에 대한
　　　정보의 가치를 인정하고, 그 정보를 전달하는 정보
　　　전달자의 역할
- 내가 선택할 수 있고, 실천할 가치가 있는 일이라면 당
　연히 해야 할 일일 것이다.

이 두 가지 역할에 대한 성과에 의해 직급을 취득하기도
하고, 수당을 지급받게 되는데 이 방법을 구체적으로 규정
해 놓은 것이 보상 플랜인 것이다.
　TNM으로 제공되는 모든 상품 및 서비스에는 각 상품마
다 소비자가, 회원가, PV 또는 SP가 정해지며 수당을 지급
하는 기준 가격이 PV 또는 SP이다. PV, SP의 개념은 어떤
상품이나 서비스를 이용하더라도 동일한 보상 플랜을 적용
할 수 있도록 기준치를 책정한 것이다.

PV, SP 책정 기준

PV, SP = 회원가 - (상품 원가 + 회사의 제경비 + 제세금 + 회사의 적정이익)

합리적인 방법으로 회원가를 책정하면서 각종 지출 요인과 회사의 이익이 감안되어 있기 때문에 PV, SP는 전액 수당을 지급하는 재원으로 사용할 수 있다. 다만 법률 조항을 지킨다든지 보상 플랜을 운영하는 조정인자로도 활용되며, 전체 보상 플랜의 조화를 고려하여 수당 지급은 PV, SP의 전액을 지급할 수 없는 경우도 있다.

TNM으로 제공되는 상품은 PV 전용상품, SP 전용상품과 PV, SP 공용상품으로 분류된다.

① DD마케팅 플랜

본인의 회원 가입으로 DD직급을 취득하며, 본인의 직접 판매 실적에 관계없이 본인이 추천한 회원(DD)의 판매 실적(최대 80만 PV까지) PV의 3%를 수당으로 받는다.

여기서는 회사로부터 구매하는 시점에 실적을 인정하고, 판매를 하기 위해 구매한 것으로 판단, 자가소비도 판매 실적으로 인정하기 때문에 '판매 실적' 으로 용어를 통일하여 쓰기로 하겠다.

'본인의 판매 실적이 없어도 수당을 받을 수 있다는 것' 은 법에서 규정하는 '부담 지우는 행위 금지' 조항을 준수하는 중요한 판단 기준이 된다.

이 플랜은 추천한 회원의 판매 실적에 의한 지속적인 보상의 기회를 부여하며, 개인과 회사의 소비자 조직을 구축해 가는 시발점이 되는 중요한 플랜이다.

②SD 마케팅 플랜(3-라인 무한대수 1회 보상방법)

회원 가입 후 본인의 누적 판매 실적이 80만 PV를 달성하고 사업자 자격시험을 통과하게 되면 SD직급을 취득하게 되고, SD마케팅 플랜에 의해 하위라인에서 SD직급을 달성하게 되면 그 판매 실적에 대해 보상을 받을 자격을 인정받는 것이다.

이는 고정 소비자 역할을 1차 달성한 것에 대한 보상의 기회가 주어지는 것으로 한 번만 달성하면 이 자격은 계속 인정된다.

하위라인의 SD직급은 무한 누적판매 실적에 의해 달성되며, 그 직급을 취득한 날을 기준으로 일일마감의 개념에 의해 수당을 받게 된다.

즉, 본인의 80만 PV달성은 평생 한 번만 하면 되지만, 수당은 계속 지급받을 수 있어, 보상의 크기는 무한대라 할 수 있을 만큼 큰 수익성을 제공하는 보상 플랜이다.

SD마케팅의 수당의 종류에는 추천후원 수당, 육성 수당, 다이나믹 추천관리 수당이 있다.

이는 종적 조직의 형성에 의해 발생한 판매 실적에 대한 보상 플랜이며, 본인이 직접 정보를 전달한 사람의 SD달성 실적에 의한 보상(추천후원 수당)과 그들에 의한 하위조직

육성에 따른 실적에 대한 보상(육성 수당) 및 본인이 직접 추천한 사람이 조직을 육성하도록 후원하고, 관리하면서 발생한 실적에 따른 보상(추천관리 수당) 등 고정소비자 그룹을 늘려 나가는 실적에 따르는 보상제도로서, 사업 초기에도 고소득이 가능하도록 보상하며, 하위그룹의 규모가 성장하면서 점점 안정적인 고소득이 창출되는 플랜이다.

③ 에이전트(Agent, A/G) 마케팅 플랜

SD직급을 달성한 후 또 한 번의 고정소비자 역할을 검증하는 과정이라 할 수 있으며, SD달성 후 추가 누적 판매 실적이 176만 PV가 달성되면 에이전트 직급을 취득(평생 한 번만 달성)하고, 본인이 형성한 하위라인이 에이전트 직급을 취득한 날을 기준으로 일일마감 개념으로 보상되는 플랜이다.

추천후원 수당, 육성 수당, 추천관리 수당은 개념은 SD마케팅에서 설명한 것과 같으며, SD마케팅에서보다는 더 큰 소득의 기회가 있다.

특히 에이전트 마케팅에 의해 형성되는 본인의 후원 그룹과 추천 그룹은 계속적으로 진행되는 사업에서 고정소비자 조직을 구축한 많은 대가를 받을 수 있는 종적 조직 마케팅으로서 가장 중요한 플랜이다.

④ 수퍼에이전트(Super Agent, SA) 마케팅 플랜

에이전트 직급을 달성한 이후에 SA마케팅에서 누적판매 실적 272만(250만 + 22만) PV를 달성하면 수퍼에이전트 (SA) 직급을 취득하고, 본인이 형성한 하위라인이 SA직급을 달성하는 판매 실적에 대하여 일일마감의 개념으로 보상하는 플랜이다.

SA마케팅의 조직구성은 본인이 SA직급을 취득하고 첫 번째 라인(A라인)의 하위 5대가 형성되어야 두 번째 라인(B라인)을 형성할 수 있도록 하여, 폭(Width)보다는 깊이(Depth)를 중시하는 구조로 되어 있으며, 폭을 넓혀 가며 깊이를 늘려가는 속에서 본인의 소득이 발생하도록 하여 안정적인 조직을 형성하게 했다.

SA마케팅의 수당의 종류로는 추천수당, 후원수당, 추천관리수당, 리더십수당, 월간 그룹관리수당이 있다.

추천수당은 에이전트 마케팅의 추천인 구도를 기준으로 본인이 추천한 사람이 SA직급을 달성한 날을 기준으로 일일마감 개념으로 일회 보상되는 수당이다.

후원수당은 본인의 두 번째 라인(B라인)의 하위조직(B-A-A-A-∞A)의 성장에 따른 보상과 그들이 두 번째 라인(B-A-B-B-B-∞B)을 펼칠 수 있도록 후원하여 그 라인을 성장 (B-A-B-A-A-A-∞A)시키는 역할에 대해 보상하는 수당이다.

추천관리수당은 본인이 직접 추천한 사람이 후원수당을

받을 수 있도록 육성한 역할에 대한 보상으로 조직구성의 특성상 본인의 A라인에 후원(후원수당의 50%)한 경우와 B라인에 후원(후원수당의 10%)한 경우를 차별적으로 지급하여, A라인을 깊이 있게 육성한 역할에 대해 큰 보상을 받을 수 있는 수당이다.

본인의 A라인 산하 20대를 후원하면 SA마케팅에서 킹(King)직급을 취득하고, 킹직급을 취득하게 되면 본인의 B라인 전체 SA직급 달성자의 판매 실적을 일일마감 기준으로 10%의 리더십수당을 받게 된다.

또한 B라인에서 또 다른 킹직급자가 탄생하면 하위 킹직급자가 리더십수당 10%를 받게 되므로, 추가 10%를 상위 킹직급자끼리 1/n로 분배하여 리더십 공유수당을 받게 된다.

리더십수당은 본인의 A라인을 깊게 후원하고, 본인의 B라인 사업자를 육성한 포괄적인 보상을 통하여, 깊이 있고 안정된 조직을 형성할 수 있는 기회를 부여하고 있다.

또한 SA마케팅에서 월간 22만 PV 이상의 판매 실적을 달성하면 익월 발생하는 후원수당과 리더십수당을 받을 수 있으며, 본인의 하위 20대까지 22만 PV를 달성한 사업자그룹 판매 실적에 대하여 월간 그룹관리수당을 받게 된다.

월간 그룹관리수당은 본인 하위에 고정소비자 그룹을 육성하면, 그들의 지속적인 소비로부터 안정적인 소득이 창출될 수 있어, 하위그룹 후원에 대한 강한 동기를 부여하는 수당이다.

SD, 에이전트 마케팅플랜은 3라인을 형성해야 하는 구조로 최소 2라인이 균형있게 육성되어야 안정적인 소득을 창출할 수 있는 플랜이라 할 수 있으나, 수퍼에이전트 마케팅의 특징은 2라인을 형성하는 플랜으로 본인의 한 라인(A라인)을 공동 스폰서십에 의해 육성하도록 하며, 다른 한 라인(B라인)의 성장에 의해 쉽게 소득을 창출할 수 있는 구조로 되어 있어 하위 조직 확장을 용이하게 하였다.

SA마케팅에서는 본인이 SA직급을 달성한 250만 PV에 대해 일정한 상한선을 정해서 이에 해당하는 수당을 받으면, 다시 250만 PV에 해당하는 판매 실적을 달성하도록 하여, SA마케팅플랜 자체에서 순환하는 판매 실적으로 반복적인 수당을 받을 수 있도록 한 보상구조이며, 또 다른 SA직급에 진입할 수 있는 재진입(Re-entry)제도를 도입하여 SD, 에이전트 마케팅플랜과 차별화하였다.

⑤ 소비생활 마케팅 플랜(횡적 조직 + 종적 조직 마케팅)

SD, 에이전트 SA 직급을 취득한 후에도 지속적인 소비생활은 계속될 수밖에 없으며, 그 누적 판매 실적에 따라 일정기준에 의해 소비생활 직급을 취득하게 되는데 그 직급에 대한 보상기준을 규정한 플랜이다.

소비생활 직급을 취득하게 되면 본인이 형성한 하위조직만이 아닌, 회사의 일일 소비생활 매출(횡적 조직의 매출)에 포함된 총 PV의 일부를 매일 결산하는 방법으로, 전체 사업자의 점수에 대한 자기 점수의 비율로 소비생활 직급 수당을 받게 된다.

이와 같은 횡적 조직 마케팅 개념의 도입으로 지속적인 소비만으로도 소득이 창출될 수 있는 기회를 부여하며, 하위조직을 형성하지 못해도 피해를 볼 이유가 없는 것이다.

또한 종적 조직 마케팅에서 상위사업자에게 소득이 편중되는 문제를 누구에게나 1점에 대한 보상의 상한선 개념을 도입하여 균등한 기회를 부여하는 방법으로 개선하였으며, 초기사업자도 자신의 점수에 따라 고소득을 올릴 수 있는 기회를 주고 있다.

여기에 에이전트 마케팅의 조직도를 기준으로 하위조직에서 발생하는 판매 실적에 따라 수당의 상한선까지 빨리 받을 수 있는 보상의 기회를 부여하여, 하위조직 육성에 대한 혜택이 주어지며 한편, 조직육성에 대한 동기를 부여하는 역할을 한다.

유니온 마케팅 플랜에서 가장 중요한 부분인 소비생활 마케팅에 대해서 좀더 자세히 알아보자.

※ 소비생활 마케팅 심층 분석

가) 소비생활 직급의 취득 방법

SD, 에이전트 SA직급 실적 달성 후 추가 누적 판매 실적으로 120만 PV를 달성하면 소비생활 점수 1점을 달성하게 되며, '펄(Pearl) 직급'을 취득한다. 이후 추가 누적 판매 실적이 120만 PV를 달성할 때마다 1점씩 취득하고, 27점 이상의 점수 취득시에는 '120만 PV + 12만 SP'를 달성시 1점씩 취득한다.

나) 소비생활 마케팅 수당지급의 포괄 규정

소비생활 점수 1점(120만 PV)에 대하여 "회사의 매출이 있을 경우 1점을 취득한 PV의 최대 250%까지를 상한선으로 지급할 수 있다."

➡ 매출이 있을 때만 지급하고 매출이 없으면 지급할 수 없다.

➡ 최대 250%는 보장의 개념이 아닌 상한선의 개념이다.

➡ 또한 언제까지 지급한다는 기간을 정할 수는 없다.

➡ 최대 250%를 받은 점수는 1점 단위로 소멸된다.

다) 수당의 종류
(가) 소비생활 직급수당

본인의 하위조직 형성여부에 관계없이 점수를 취득한 누

구에게나 같은 조건으로 지급한다.

회사의 소비생활 마케팅에 의한 매출 총 PV의 일정비율 (현 65%)을 사업자들의 총 점수에 대한 본인의 유효 점수에 따라 지급하며 총 지급한 수당이 상한선에 도달하면 1점 단위로 소멸된다.

$$1점당 \ 수당 \ = \ \frac{일일 \ 소비생활 \ 매출 \ 총 \ PV의 \ 65\%}{사업자의 \ 점수 \ 합계}$$

$$본인의 \ 수당 \ = 1점당 \ 수당 \ \times \ 본인이 \ 취득한 \ 유효 \ 점수$$

(나) 조직 관리 수당

주간 소비생활 실적을 5만 PV 이상 달성(이 실적도 무한 누적되어 120만 PV가 달성되면 1점을 취득하며, 그에 대한 수당을 받게 된다)한 사업자는 본인 및 하위 그룹(에이전트 마케팅에서의 후원 그룹 및 추천 그룹을 기준)의 판매 실적에 대하여 일정 기준으로 수당을 지급함으로써 본인의 소비생활 점수에 대해 최대 250%인 상한선까지 수당을 받는 기간을 단축할 수 있도록 하여, 하위 조직 육성에 대한 대가를 지급하며, 하위 조직 육성에 대한 동기를 부여한다. 한 번 형성된 하위 조직의 지속적인 소비생활 실적에 의해 안정적인 수당을 지급 받을 수 있게 된다. 주간 소비생활 수당, 후원 그룹 관리 수당, 추천 그룹 관리 수당이 여기에 해당된다.

이 수당은 주간 판매 실적 5만 PV 달성자에게 받을 수 있는 기회를 부여함으로써 TNM에 의한 소비생활의 습관을 형성해, 소비만 해도 소득이 달성되는 소비생활 마케팅을 안정적으로 운영할 수 있게 한다.

(다) 직판 수당

본인이 직접 달성한 판매 실적 PV의 10%를 지급하며 이 수당도 상한선 250%에 포함된다. 이 역시 판매 실적 달성을 위해 노력하는 사업자에게 상한선까지 수당을 받는 기간을 단축할 수 있도록 하는 방법으로 사업진행에 동기를 부여한다.

⑥ SP마케팅 플랜(본인 판매에 대한 직접 보상)

TNM에서 SP가 부여된 상품의 판매 실적에 대한 수당 지급 플랜이다.

가) SP 직판 수당

DD 이상의 직급을 가진 본인의 판매 SP의 30%를 직접 본인에게 지급하는 수당이다.

판매능력을 가진 사람들이 빠른 소득을 창출할 수 있도록 지원하는 수당으로 초기 보상을 강화한 수당이다.

나) SP 소비생활 전환 수당

소비생활 점수를 보유한 사업자 본인의 판매 SP의 55%를 본인의 소비생활 전환 수당으로 우선 지급하며, 소비생활 직급 수당에 의존하는 하위 조직이 없는 회원도 상한선인 250%까지를 노력의 정도에 따라 빨리 받을 수 있도록 한 수당이다.

또한 아직 소비생활 점수까지 누적 실적을 달성하지 못한 사업자들이 SP상품을 선택해 판매 실적을 달성한 경우, SP의 55%는 PV로 환산, 누적되어 본인의 직급 취득(소비생활 1점까지만)이 가능하며, 순수하게 판매를 통하여 초기 소득을 창출하면서 직급을 취득할 수 있는 기회를 부여하는 수당제도이다.

3) 소비생활 촉진(II) 보상을 통한 유니온 마케팅의 완성

네트워크 마케팅의 보상 플랜은 플랜 안에서 현실적으로 달성 가능한 실적에 의해 목표를 갖게 하고, 그 목표를 달성했을 때의 보상에 대한 기대치가 조화를 이뤄, 플랜 자체로 사업자가 능동적으로 사업을 진행할 수 있는 동기부여기능을 할 수 있어야 살아 있는 보상 플랜이다.

유니온 마케팅 플랜에서의 동기부여 규정을 살펴보면

a) 하위 조직과 무관하게 소비가 소득이 된다

  ⇨ 쉽게 사업에 참여하는 동기부여

b) 피해자가 없다, 추천후원수당 제도

  ⇨ 직접 추천을 할 수 있는 동기부여

c) 육성수당, 조직관리수당

  ⇨ 하위 그룹 육성에 대한 동기부여

d) 추천관리수당, 조직관리수당

  ⇨ 직 추천인의 지속적인 관리, 후원의 동기부여

e) 소비생활 마케팅

  ⇨ 조직 자동 구축의 동기부여

f) 소비생활 직급수당, 점수 소멸

  ⇨ 소비생활 점수취득 욕구의 동기부여

이 이외에도 많은 동기부여 요소를 갖고 있지만 가장 강력한 사업 동기부여 요소인 소비생활 촉진(II) 제도를 이해하면 이 사업을 진행하는 강력한 촉진제가 될 것이다.

※ 소비생활 촉진(II) 제도

사업자가 사업을 진행하는 과정을 살펴보면

DD ⇨ SD ⇨ A/G ⇨ SA ⇨ 소비생활(I) 26점 ⇨ 소비생활촉진(II) 27점 이상 취득하게 된다.

즉, 회원 가입(DD) 후 본인의 판매 실적이 계속 누적되어 SD, 에이전트, SA직급을 통과한 후, 소비생활 취득점수 26점까지는 소비생활(I), 27점 이상이 누적되면 26점을 초과한 점수에 대해서는 소비생활 촉진(II)의 수당을 받게 되는데, 소비생활 마케팅에서 가장 높은 소비생활 직급수당을 받을 수 있게 된다.(물론 매출액 PV를 기준으로 연동하여 지급한다.)

소비생활 촉진(II) 제도는 소비생활 마케팅 운영에서 최종 과제로 남아 있던, 누적점수의 증가속도가 점수의 소멸속도보다 빨라서 상대적으로 상한선까지 지급하는 기간이 길어지는 상황이 발생하여, 사업자의 목표달성(소비생활 직급취득)에 대한 기대치(전환속도)에 만족하지 못하는 사업동기 저하의 원인을 제거하고, 전체 마케팅 플랜의 생명력을 갖게 한다.

다시 말하면, 소비생활 촉진(II)에 해당하는 사업자가 만족할 만한 수당을 받게 되면, 아직 여기까지 실적을 달성하지 못한 사업자의 도전의식이 고취되고 자동으로 하위 마케팅 플랜에 생명력을 불어 넣어 전체 사업이 활성화 될 수 있도록 한 것이다.

즉, 유니온 마케팅에 소비생활 촉진(II) 제도를 도입함으로써 안정된 보상 플랜으로 완성된 것이라 할 수 있다.

회사는 소비생활 촉진(Ⅱ)의 점수를 빠른 속도로 전환시키기 위해 소비생활 26점까지 취득을 PV실적으로만 한정하지 않고, SP실적으로도 달성할 수 있도록 하여 수당을 빨리 받고도, 소비생활 촉진(Ⅱ)의 진입 가능성을 현실화 하였으며, 이는 PV점수 누적을 완화시키는 효과까지 발휘한다.

회사는 점수의 누적과 소멸의 균형을 맞추기 위해

첫째, SP마케팅의 활성화를 위해 소비생활(Ⅰ)의 점수를 SP실적으로도 인정하며, SP매출비율 증대를 위해 각종 정책을 개발하고, 둘째, 1년 이상 사업을 진행한 사업자가 소비생활 촉진(Ⅱ) 제도의 지속적인 혜택을 받기 위해 에이전트 직급 달성사업자 한 명을 추천하도록 해 조직의 활성화를 꾀하며, SA마케팅에서 쉽게 소득을 창출할 수 있는 가능성을 높여 조직을 활성화 하도록 강력한 동기 부여를 하고 있으며, 셋째, + α (플러스 알파) 마케팅을 도입하는 등 모든 힘을 기울이고 있다. 특히 + α (플러스 알파) 마케팅은 촉진 Ⅱ까지 도달한 사업자가 회사의 각종 정책 및 사업의 수혜를 받을 수 있도록 기회를 부여하여 누적 점수를 소멸하는 효과와 적극적인 사업성과를 창출하는 동기부여 효과를 동시에 달성하여, 다이나믹한 생명력을 갖는 유니온 마케팅으로 완성하는 방안을 마련한 것이라 생각한다. 다시 말하면 회사는 소비생활 촉진(II) 점수의 누적속도와 소멸속도의 균형을 맞추는 데 우선순위를 두고 정책을 펼치고 있으며, 이는 사업자의 지속적인 소비생활 실적 달성의 동기를 부여한다.

제이유 네트워크의 유니온 마케팅 플랜은 구조적으로는 종적 조직 마케팅과 횡적 조직 마케팅을 결합한 형태이며, 바이너리, 유니레벨, 매트릭스, 레인보우 방식 등 여러 가지 방식의 문제점은 개선하고, 장점을 살린 독특한 방식으로 구성되어 있다.

또 한 가지 방식으로는 만족할 수 없는 현실에서 가능하면 많은 사업자를 만족시키려는 의도가 포함되어 있고, 한 사람이 여러 가지 마케팅 플랜에 의해 혜택을 볼 수 있어 다양한 소득의 기회가 있으며, 각자의 강점을 살려 개인의 상황에 맞춰 사업을 진행할 수 있는 기회를 부여하고 있다고 판단된다.

7. 일반 대리점 유통과 소비생활 마케팅

　재래식 유통방법인 대리점 형태의 유통에 대한 수익발생 메카니즘은 많은 사람들이 이해하고 있으며, 그것에 대한 고정관념을 가지고 모든 유통형태의 옳고 그름을 판단하는 기준으로 삼고 있다.

　여기에서는 소비생활 마케팅이 갖고 있는 특성과 일반 유통을 비교해 보면서 그 우수성과 소비생활 마케팅을 '유통혁명'이라고 말할 수 있는 이유를 재고해 본다.

1) 일반 대리점 유통에서의 수익발생 구조

　먼저 사업 아이템 선정과 그에 따른 대리점권 확보가 선결되어야 창업이 가능하며, 창업 이전에 위치가 좋은 점포를 확보하고 인테리어를 해야 하며, 재고상품을 확보하여 매장의 형태 및 개인의 운영 시스템을 갖추어야 한다. 이에 따라 사업자금의 회수 가능성이 보장되지 않은 속에서 선투자가 이루어져야 하는 것이다.

일반 유통의 수익 발생 메커니즘은 대리점가에 구매해 일정 소매 마진을 붙여 개인의 운영 시스템으로 판매한 결과에 포함되어 있는 대리점 마진이 판매이익이며, 여기서 소요되는 경비를 충당하고 남은 부분이 수익(영업이익)으로 창출된다.

판매가 되고 나면 끊임없는 재구매로 매장의 재고를 확보하고, 신상품이 출시되면 구색을 갖추기 위해 추가 투자가 지속적으로 이루어져야 한다. 영업의 결과 창출된 판매 이익이 소요비용을 감당하지 못하면 영업 손실이 발생하게 되며, 이 때는 재투자를 하거나 그렇지 못하면 점포정리에 돌입한다.

이 유통방식에서는 본인이 일으킨 판매 실적에 따라 수익률이 차등 적용되며, 수익발생의 재원이 개인이 창출한 판매 실적에 의해서만 확보(일정 비율의 판매마진)되기 때문에 경기의 악화나 부실 경영 등의 변수가 발생하면 어려움에 처할 가능성이 많다.

수없이 바뀌는 간판들이 이 현실을 대변한다. 또한, 사업 아이템을 변경하려 한다면 엄청난 손실과 재투자를 감수해야만 한다.

2) 소비생활 마케팅의 수익발생 구조

처음 사업 아이템을 선택해야 하는 것은 일반 유통과 같지만 대리점권을 확보할 필요가 없으며(회원가입 절차로 대신), 무점포 형태로 운영되므로 점포나 인테리어 등의 비용지출의 위험이 없고, 회사의 운영 시스템을 활용하기 때문에 개인이 추가 비용을 지출할 필요가 없다.

이 방식에서는 재고 상품을 확보하는 행위인 구매 실적에 따라 구매된 상품에 포함된 PV에 의해 보상 플랜 규정에 따라서 소비생활 점수로 환산되고, 본인이 취득한 소비생활 점수를 기준으로 회사의 소비생활 마케팅에 의한 일일 매출액 PV의 일정비율을 수당으로 지급받게 되며, 본인 점수 취득기준인 120만 PV당 최대 250%까지를 회사의 매출이 있는 한 지급받을 수 있는 것이다.

여기에서 일반 대리점 유통과의 중대한 차이는 개인의 판매 실적은 본인의 수당 받을 자격을 인정받는 점수를 취득하는 기준으로 활용되며, 본인의 수익은 이미 형성된 고정 소비자 집단인 전체 회원이 일으키는 상품 판매 실적에 포함된 PV금액을 재원으로 상한선까지 받을 수 있다는 것이다.

예를 들어, 본인이 화장품을 판매했다고 화장품에 포함된 일정 이익을 수당으로 받는 것이 아니고, 화장품을 판매한 실적은 PV로 환산되어 본인의 점수를 취득하는 기준이 되며, 실제 수익은 회원들이 매일 소비, 판매하는 전체 상품의 PV에 의해 창출되는 것이다.

또한, 소멸되는 형태의 비용(인테리어, 임대료 등)을 지출할 필요가 없어 본인이 소비생활 사업을 잘못 선택했다고 판단하면 제이유 사업자는 3개월 이내에 반품이 가능하기 때문에 여기에 따른 위험부담도 없다.

또한 사업 아이템을 바꾼다 하더라도, 이를테면 화장품에서 건강기능식품으로 사업 아이템을 변경하더라도 추가 비용을 들일 필요가 없다.

즉 주문했던 상품을 교환하는 방법으로 사업 아이템의 변경이 가능하다.

이와 같은 수익 발생 메카니즘의 우수성이 단순 소비생활 형태가 아닌, 창업 형태의 유통사업을 안정된 속에서 진행할 수 있도록 함으로써 더욱 활성화 되는 속에서 기존의 유통에 대한 고정관념을 탈피할 수 있게 하여 '유통혁명' 을 가능하게 하는 것이다.

이와 같은 수익 발생의 메카니즘 차이를 앞서 설명한 유니온 마케팅의 전반적인 이해가 부족한 상태에서 다른 사람에게 설명하면, 이를 잘 이해할 수 없고 처음 이 정보를 알게 된 사람들의 오해를 받을 수도 있다.

그렇기 때문에 제이유 네트워크 사업 전체에 깔려 있는

정신적인 요소와 가치관, 사업 환경을 정확히 이해하고 이 정보를 전달하는 것은 매우 중요하며, 정확한 정보만 전달하면 누구나 쉽게 이 사업을 선택할 수 있으리라 생각한다.

8. 사업규모의 선택

개인의 소비가 소득으로 연결될 수 있는 새로운 개념의 사업으로 피해자가 될 가능성이 없다면, 개인의 여건에 따라 이 사업의 규모를 선택하면 될 것이며, 어떤 규모의 사업을 선택하느냐에 따라 기회의 크기도 달라질 수 있을 것이다.

1) 단순 소비자형 사업진행(자영사업자의 자가소비 포함)

일반 가정의 소비 규모로 소비생활 방법(브랜드 체인지 또는 거래처 전환)을 바꿔 TNM에 의해 소비하는 것이 사업이라 말할 수 있을까? 하고 의문을 가질 수도 있을 것이다. 그러나 기간을 길게 생각해 보면 금방 이해할 수 있을 것이다.

여러분이 경제활동을 시작하고 지금까지 어느 정도의 소

득을 산출했는가? 그리고, 그 중 얼마나 저축을 했는가? 묻는다면, 그저 먹고 살았을 뿐이라고 대답하는 사람이 많을 것이다.

이렇듯 많은 사람의 소득은 소비하는 데 쓰이고, 그것은 지출로 연결되어 남는 것이 없었던 결과가 지금까지의 경제 흐름인 것이다. 기존의 여러분이 소비했던 부분이 제이유 네트워크의 소비생활 마케팅에 의해 여러분의 판매 실적으로 누적되어 소득이 창출되고 있다면 만족할 수 있지 않을까? (지금과 비교해서)

앞으로의 삶에서 여러분은 어느 정도의 소비를 할 것이라 생각하는가?

60세 부부가 생존해 있으면서 그들이 평균 수명까지 생활하는 데 드는 최소 생활비가 무려 2억 6천만원이나 든다는 통계자료가 있다.

여러분의 앞으로의 삶에서 수억원을 소비해야 한다면 그리고, 기존의 방식으로는 지출로 이어질 수밖에 없다면, 당연히 작아 보이지만 커다란 사업의 기회라 말할 수 있으며, 이 정보를 접할 수 있다면, 누구나 소비생활 방식을 바꿔야 하는 것은 피할 수 없는 선택이 아닐까?

꾸준한 소비생활로 실적이 누적되어 일정 기간, 아니 10년이 걸린다 하더라도 생활비 이상의 소득을 창출할 기회가 있다면 당연히 바꿔야 하지 않을까?

또한, 단순 가정소비가 아닌 자영업을 경영하는 경우(예를들어 음식점, 숙박업 등)는 실제 소비가 더욱 많아지기도 하고, 기업을 경영하는 경우 소모품비, 내지는 판촉비나 선물비용만 가지고도 커다란 소비 실적을 올려 고수익을 창출할 수도 있는 것이다.

2) 단순소비와 판매활동형

이 사업의 진정한 가치를 알고 규모와 방법을 달리한다면 또 다른 기회가 있는 것이다.

본인의 소비는 물론 타인의 소비를 본인의 판매 실적으로 쌓아가는 노력을 통해 더욱 커다란 수익을 창출할 수 있다.

기존 영업 분야에 종사하는 사람이라면 본인들이 하고 있는 일에서의 소득의 기회와 같은 노력과 판매 실적을 가지고 소비생활 마케팅의 소득의 기회를 비교해 보면 작게는 몇 배, 크게는 10배 이상의 안정적인 소득의 기회를 창출할 수도 있다는 사실을 발견할 수 있을 것이다.

지금까지 판매를 해본 경험이 없는 사람도 상품의 특성과 이 사업의 가치를 알면 말문이 열리고, 말문이 열리면 판매는 쉽게 이루어질 수도 있다.

3) 유통사업 창업형 규모

네트워크 마케팅 사업은 자영사업의 형태이다. 즉 사업자가 회사에 대금을 지불하고 상품을 구매하여 소비 내지는 판매하는 방식이다. 구매의 목적은 소비 또는 판매를 위한 구매이며, 구매 시점에서 본인의 판매 실적으로 산정되는 시스템이다.

그러나 월 또는 주마감 형태로 수당을 지급하거나, 종적 조직 마케팅 형태의 보상 플랜에서는 대량 구매는 피해 내지는 부담으로 작용하여, 자본력을 가진 사람들의 직접적인 사업기회는 사실상 제한된다 할 것이다.

본래 자영사업은 그 특성상 자본력이 성패를 좌우한다 해도 과언이 아닐 것이다. 좋은 사업인 줄 알면서도 자본력이 따르지 않아 못하는 경우가 많지 않은가?

제이유 네트워크의 소비생활 마케팅은 자본력을 가지고 사업 규모를 크게 시작하려는 사람에게도 기회를 부여하고, 그 만큼 큰 소득의 기회도 주어진다.

앞의 장 〈7. 일반 대리점 유통과 소비생활 마케팅〉을 토대로 예를 들어보자.

사업 아이템의 선택은 자유의사에 따르겠지만 대개는 사업성(수익성)이 우선순위의 선정 요인이 될 것이다.

예컨대, 사업아이템을 종합 화장품 코너를 운영하기로 하고, 점포를 확보하는 데 임대보증금 1억원, 인테리어 3천만원, 재고상품 1억원 및 운영여유자금 7천만원 등 총 3억원을 들여 창업을 했다고 가정해서, 같은 규모의 자금을 가지고 소비생활 마케팅에 의한 창업을 한 경우와 비교해 보기로 하자.

먼저, 일반유통의 수익성을 고려해 보자.

우선 개인의 운영 시스템을 점원 2인(월 100만원씩 지급), 피부관리사 1인(월 150만원), 영업사원 3명(기본급 50만원, 수당 30% 지급), 임대료 월 200만원, 기타운영경비 약 300만원 정도가 지출되고, 화장품의 대리점 마진율을 소비자가 대비 50%로 가정해 보자.

월간 매출액을 5,000만원으로 하고 그중, 매장 판매분 3,000만원, 영업사원 판매분 2,000만원이라 가정했을 경우

매출이익 = 5,000만원 × 50% = 2,500만원

필요경비 = 점원 200만원+피부관리사 150만원+임대료 200만원+기타경비 300만원 = 850만원

영업사원 급여 = 50만원 × 3 + 2,000만원 × 30% = 750만원

월 영업 비용 = 850만원+750만원 = 1,600만원

영업이익 = 매출 이익 −월 영업비용 = 2,500만원 −1,600만원 = 900만원

3억원을 투자해서 월간 5,000만원의 판매가 이루어졌을 때 월 900만원의 수익이 발생한 것이다.

이 형태의 사업에서는 구매, 배송, 수금, 인력관리, 매장관리 등 모든 시스템을 개인이 관리해야 하는 어려움이 있으며 모든 변수에 대한 위험부담도 개인이 감당해야 하는 것이다.

영업비용을 충당할 수 있는 정도의 판매가 되지 않으면 손실이 발생할 위험도 있다.

상기 사례의 경우 월 3,000만원 정도의 판매가 투자한 사람의 인건비를 계상하지 않은 상태의 손익분기점이라 볼 수 있으며, 그 이하로 판매되면 손실이 발생할 수도 있는 것이다.

다음은 소비생활 마케팅의 수익성을 고려해 보자.

소비생활 마케팅으로 창업하면서 필요 경비를 50%로 활용(ex. 영업사원을 두고 판매마진을 50% 지급)해서 사업을 진행한다고 가정해 보자.(화장품의 PV는 회원가의 50%로 가정)

창업자금과 동일한 3억원의 상품을 구매하여 1억 5천만 PV를 달성하고 약 120점 정도의 소비생활 점수를 달성하게 된다. 물론, 기간을 예측할 수는 없지만 120점(1점=120만 PV기준)에 대하여 PV의 최대 250%를 상한선으로 회사의 전체 매출액에 의해 지급받을 수 있는 것이다. 그리고, 제품 판매로 3억원을 회수하여 본인의 유통경비로 1억 5천만 원을 지급하더라도 안정적이고 커다란 사업이 진행되는 것이다.

만약 이달에 판매를 못하였더라도 회사의 매출이 있으면 수당을 받게 되므로 손실이 발생할 가능성이 없으며, 급하게 판매해야 하는 부담도 줄어 편안하게 사업을 진행할 수 있도록 했다.

이와 같은 장점에 앞서 언급한 소비생활 촉진(II) 제도에 대한 회사의 정책방향을 이해하고 활용한다면 안정된 속에서 사업을 전개할 수 있는 것이다.

여기서 예를 들어 설명한 것은 일반 유통사업을 창업하는 경우와 비교하기 위한 것이므로 창업할 정도의 경제력이 있는 경우는 비교 선택할 수는 있으나 누구나 창업형태의 사업을 해야 하는 것은 아니다.

또한 본인의 여건이나 능력은 무시하고 무리한 규모의 사업을 진행한다면 일반 유통에서와 마찬가지로 각종 변수에 대한 위험부담은 본인이 감수해야 할 몫이 된다.

즉 본인의 여건에 맞춰 합리적인 규모로 사업을 진행할 수 있으며, 중요한 것은 판매 실적 창출 결과에 대해 만족할 만한 보상의 기회가 있느냐 하는 것이다.

많은 사람들이 잘못 생각하고 있는 것 중 하나가 네트워크 마케팅 사업을 통한 소득 창출이 마치 불로소득인 것으로 착각하고 있다는 것이다.

그러나 네트워크 마케팅 사업에서 시간 축적과 지렛대 효과가 작용해서 본인의 고소득이 창출될 때까지는 많은 노력과 경험이 필요한 것이다.

이와 같은 환경에서 소비생활 마케팅은 소득을 창출하면서 경험을 할 수 있는 기회를 부여하기 때문에 피해를 유발하지 않으므로 다른 보상플랜을 통해서는 찾아볼 수 없는 우수성이 있다 할 것이다.

9. 소비생활 마케팅의 성공 전제조건

소비가 소득이 되는 개념이 새로운 유통의 이슈로 떠오르면서 많은 회사가 준비되지 않은 채 이를 모방하여, 또 다른 피해 사례를 만들어 내고 있다. 이에 소비생활 마케팅이 성공하기 위한 몇 가지 요소를 알아보자.

소비가 소득이 되는 개념은 캐쉬백이나 마일리지 등 일종의 할인 개념과는 완전히 다른 개념이다.

소비생활 마케팅 시스템은 공동 소비자 집단에 의해 끊임없는 매출이 발생하며, 수당을 받을 자격(점수를 취득)을 갖추는 과정이 소비생활을 통해 이루어지기 때문에 점수에 미달되는 매출부분이 반드시 존재하고, 그것이 인위적이 아닌 자연 발생적인 현상으로 진행되어야만 성공이 가능한 것이다.

소비생활 마케팅의 성공조건은

1) 2~3년에 걸쳐 형성된 충성도 높은 최소 3만명 이상의 고정 소비자가 있어야 한다.

이를 위하여 반드시 종적 조직 마케팅과 횡적 조직 마케팅이 결합된 보상구조를 가지고 있어야 한다. 즉, 종적 조직 없이 진행되는 소비생활 마케팅 형태의 모방은 성공하기 어렵다.

2) 생필품 및 소비재와 서비스 상품까지 완벽하게 갖출 수 있는 ON-OFF LINE 형태의 상품공급 구조를 갖춰야 한다. 소규모 상품군으로 진행되는 소비생활 마케팅은 자칫 점수를 취득하는 과정에서 미달, 초과부분이 형성되지 않고 구좌형태로 형성되는 결과가 되어 위험을 초래할 수도 있다.

3) 이와 같은 여건을 갖추기 위해 최소 500억에서 수천억 원의 자본 투자가 이루어져야 가능하며, 경영자의 사명과 의지가 없이는 완성되기 어려울 것이다.

상기 소비생활 마케팅 성공의 필수 조건은 시작의 조건이며, 1백만명의 소비생활 조합원과 최고 품질의 완벽한 상품과 서비스의 구성 및 이 사업에 대한 각종 지원 시스템이 완비되어야 비로소 소비생활 마케팅은 완성될 수 있을 것이다.

10. 네트워크 사업의 본질(완성)

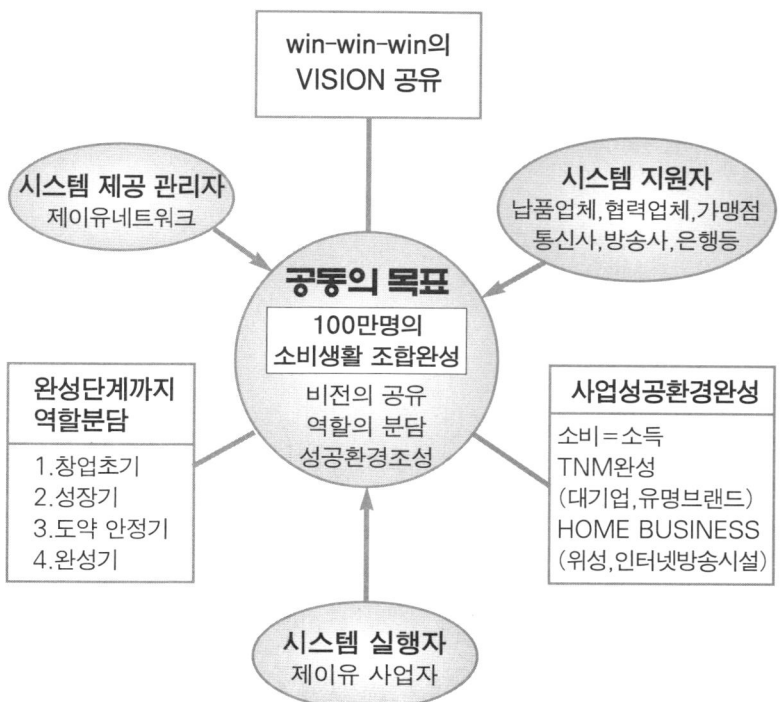

100만명의 회원을 만들어 더 이상 조직이 늘어나지 않아도 이미 형성된 조직만으로도 소비생활 마케팅은 완성된다

는 사업 초기에 제시된 청사진이 완성되는 것을 제이유 네트워크 사업의 본질이라 정의하면 될 것이다.

즉, '100만명의 공동 소비생활 조합' 을 만들어 그들이 먹고, 입고, 쓰는 소비생활만으로 그들의 소득이 지속적으로 창출되며, 피해자 없이 많은 성공자가 탄생하게 된다.

'사업자 = 소비생활 조합원' 은 사업의 객체이며, 실행의 주체로서 이 사업에서 첫 번째 수혜자이다. 그들의 성공을 바탕으로 회사나 시스템의 지원자에게도 커다란 혜택이 돌아가게 되는 것이다.

회사 우선이 아닌 사업자 우선만이 네트워크 사업의 본질을 완성할 수 있는 것이다.

노력에 의한 대가는 지불하지 않고 혜택만 추구하며 스스로 사업의 객체로 전락하는 사업자는 성공이 어려울 것이며, 본인이 실행의 주체라 생각하고 끊임없이 노력하는 사업자에 의해 제이유 네트워크 사업은 완성되고, 그들에게 커다란 성공의 결실이 돌아갈 것이다.

시스템 구성 요소의 공동의 목표가 달성되면서 상상을 초월하는 조직의 힘이 형성되어, 기존의 유통의 개념을 바꾸는 '유통 혁명' 을 이루고, 이와 같이 완성한 개념이 사회적 통념에도 적용되어, 유통뿐 아니라 다양한 방면에서 영향력을 행사하는 논리로 정착되어 많은 국민의 사랑과 인정을 받으리라 본다.

이 공동의 목표를 완성하기 위해 시스템의 제공 및 관리자(제이유 네트워크), 시스템의 실행자(제이유 사업자), 시스템의 지원자(납품, 협력업체, 가맹점 등)가 이에 대한 비전을 공유하고, 각자의 역할을 수행하는 과정에서 목표달성에 필요한 성공 환경이 조성되어 시스템에 의한 공동 수혜자가 되게 된다.

공동의 목표 달성으로 회사는 제공하는 상품의 자판기 시스템을 갖게 되고, 사업자 조직에 의한 지렛대 효과를 창출하고, 세계 초일류기업으로 기업의 가치가 창출되며, 영원히 존속할 수 있는 기업이 될 수 있을 것이다. 이를 위해 회사는 임직원과도 커다란 비전을 공유해야 할 것이다.(사업의 기회를 제한한 것에 대한 대가 지불의 의미)

사업자는 공동 소비생활 조합의 일원으로서 각자의 역할 수행에 따른 기득권을 형성하고, 세계로 활동무대를 넓혀가며, 시간과 재정으로부터 완전히 자유로운 진정한 성공자로 인정과 보상을 받게 된다. 그리고 자녀에게 모든 지위를 상속하므로 부자로 사는 시스템을 물려줄 수 있게 되는 것이다.

협력업체, 납품업체 및 가맹점 등은 거대한 조직의 후광을 받아, 안정된 사업기반을 제공받을 것이며, 시스템내에

서는 동반성장을, 외부적으로는 완벽한 경쟁력을 갖게 된
다.

　이와 같은 시스템 구성 요소간의 공동목표와 그를 달성해
가는 과정과 그 결과에 대한 혜택을 공유하는 사업이 네트
워크 마케팅 사업의 본질인 것이다.

제5장 | 제이유의 청사진

제이유의 청사진

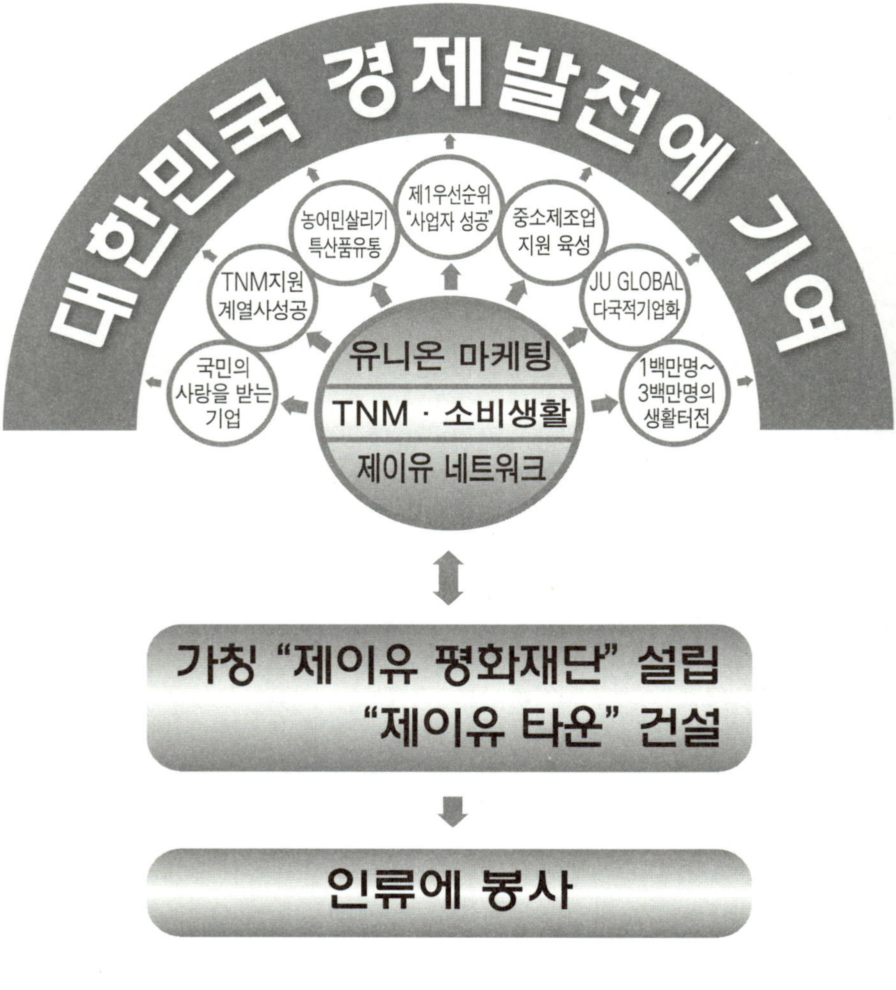

대한민국 경제 발전에 기요

제1우선순위
"사업자 성공"

농어민살리기
특산품유통

중소제조업
지원 육성

TNM지원
계열사성공

JU GLOBAL
다국적기업화

국민의
사랑을 받는
기업

유니온 마케팅

TNM · 소비생활

제이유 네트워크

1백만명~
3백만명의
생활터전

가칭 "제이유 평화재단" 설립
"제이유 타운" 건설

인류에 봉사

제이유 네트워크의 창업자는 사업자를 먼저 성공시키고 중소 제조업체와 농어민을 지원하며, 이 기업을 통해 100만~300만명이 생활의 기반을 갖는 네트워크 마케팅을 기반으로 유통혁명을 이루고, 국내 최고 기업으로 완성시켜 다국적기업화로 세계 초일류기업을 실현하여 자손 대대로 물려줄 수 있는 회사를 만든다는 남다른 목표를 가지고 있는 기업이다.

　제이유 네트워크는 유통산업을 선도하는 역할을 통하여 국내 시장을 지켜내 국부의 유출을 막고, 오히려 다국적 기업으로 성장하여 외화를 벌어들이는 역할을 할 수 있을 것이라 본다. 이로써 우리 국민의 자긍심을 고취시키고, 남을 배려할 줄 아는 멋진 국민성을 갖는 계기가 될 수 있으리라 생각한다.

　제이유 그룹은 '성공한 사업자를 제1의 자산'으로 삼고 그들의 성공을 지원해 온 계열사, 관계사와 제이유 네트워크가 동반 성장하면서 창출된 기업의 가치로 형성된 창업자의 전 재산(1조원 이상으로 추산)은 인류의 평화와 복지에 기여하는 것을 목적으로 하는 노벨이나 록펠러재단 같은 가칭 '제이유 평화재단'을 설립하고 여기에 출연하여, 우리나라는 물론 세계 어두운 곳에 등불을 밝히는 인류 사랑을 실천하는 성공모델 기업으로 완성한다는 목표를 갖고 있다.

또한 제이유 네트워크는 제이유 평화 재단에서 직접 운영하게 될 것이며, 세계적으로 좋은 이미지를 형성하게 되고, 사업자의 성장이 평화 재단의 재원을 만드는 결과가 되어 사업자들은 가치 있는 일에 동참한 자부심을 느낄 수 있게 될 것이라 본다.

또한 제이유 타운 건설을 준비하고 있어, 여기에 위치하게 될 재단 사옥, 여성 전용 쇼핑몰, 실버타운 및 명예의 전당 등은 세계적으로 우리나라를 빛내는 제이유 그룹의 메카로 완성되고, 이것을 완성하는 데 기여한 창업자와 사업자의 땀과 눈물이 새겨져 영광된 영원한 삶을 가능하게 할 것이라 생각한다.

직접 사업에 참여하고 성공한 사업자들의 성과는 상속을 통하여 자녀의 부유한 미래와 가문의 영광으로 이어질 것이며, 이 나라에 부를 창출하고 국민에게 희망을 주는 기업으로 자손 대대로 존속하는 기업을 만든다는 것이 JU의 청사진이다.

제이유 네트워크의 청사진이 완성 되는 것은 우리나라 네트워크 마케팅 산업의 미래이며, 세계 네트워크 마케팅 산업의 새로운 트랜드를 제시할 것이라 생각한다.

제6장 | 주인의 사명

주인의 사명

　가치 있는 사명감과 남다른 철학을 가지고 오늘날의 제이유 네트워크의 모습을 이뤄낸 창업자와 더불어 여기에 동참한 사업자들은 이제 커다란 책임감을 가져야 할 것이다.

　왜냐하면 제이유 네트워크가 올바른 모습으로 완성되어야만 이 나라에 네트워크 마케팅 산업의 미래가 존재하며, 만약 그렇지 못한 결과가 나온다면 네트워크 마케팅 산업은 더 이상 회복하기 어려울 만큼 퇴보할 수도 있기 때문이다.

　이에 필자는 제이유 네트워크 사업자들이 네트워크 마케팅 산업분야를 이끄는 주도세력이라 인정하고, 그들이 제이유 네트워크 사업을 완성하는 것은 중요한 의미가 있는 일이라는 결론을 내리게 된다.

　그리고 그 완성을 위해서는 제이유 네트워크 사업자들의 주인의식이 가장 중요한 요소라 생각한다.

　이와 같은 이유에서 필자가 생각하는 제이유 네트워크 사업자의 주인으로서의 역할과 필자의 바람을 밝혀 본다.

산다는 것은 만남과 선택과 행동으로 실천하는 것의 연속이다. 개개인의 현재의 모습은 누군가를 만났고, 무엇을 선택하고, 어떤 일이든 해온 결과치일 것이다.

여러분은 현재의 자신의 모습에 만족하는가? 만약 만족하지 못한다고 대답한다면, 또 만족할 만한 미래의 자신의 모습을 원한다면, 이제까지 살아온 것과는 삶의 방식이 바뀌어야 될 것이다.

그렇다면 먼저 자기가 원하는 미래의 모습을 명확한 여러분의 목표로 정하라. 그리고 그 모습은 반드시 이루어진다고 믿어라. 믿음만이 그 모습을 이루어 낼 수 있다. 그리고 이제부터는 그 모습을 이루기 위한 만남과 선택과 실천을 해 나가면 반드시 그 목표는 이루어진다.

그 중 제이유 네트워크 사업자들은 하나의 공통점을 가지고 있다. '사업자들을 성공시키는 것이 제1의 목표'이며 그 일에 대한 신념과 사명감과 엄청난 추진력으로 똘똘 뭉쳐진 한 사람을 만난 것이다. 이 만남은 누구나 있다고 하는 인생의 세 번의 기회 중 마지막 기회라 해도 좋을 만한 것이라 생각한다.

그 만남은 '100만명의 공동 소비생활 조합'의 일원이 되기로 스스로 선택한 결과였다. 그 선택을 통해 여러분은 부자가 될 수 있다고 믿지 않았던가? 그리고 실제로 현재까지 많은 사람이 부자가 되었다. 그렇지만 아직 완성된 모습은 아닌 것 같다.

제이유 네트워크 사업자가 추구하는 '소비생활 마케팅'은 자전거를 타는 것과 같은 일이어서 지속적으로 페달을 밟지 않으면 속도가 줄고, 결국은 넘어지고 마는 결과를 가져올 수도 있다. 개개인의 사업도 마찬가지다. 자전거의 페달을 밟는 것과 같은 일은 지속적인 소비생활이다. 물론 모든 사람들은 살아 있는 한 소비생활을 해야 하기 때문에 제이유 네트워크 사업자 전체가 하는 일은 결코 멈출 수는 없을 것이다.

현재까지의 제이유 네트워크 사업자들의 소득은 창업 이래 단 하루도 쉬지 않고, 6년째 하루 20시간 가까이 일해 온 창업자의 역할에 의존해 창출된 수익이었다고 필자는 생각한다.

창업 초기 1세기에 한 명 있을까 말까 한 사기꾼 소리를 들어가며, 죽을 고비를 넘기고, 갖은 고초를 마다하지 않고 창업자는 오늘날의 모습을 만들어 낸 것이다.

또한 그 모습이 완성되리라는 믿음을 가지고, 뜻을 같이 하는 많은 사업자들이 모이게 된 것이리라.

또한 그 결과가 이 나라 네트워크 산업분야를 선도하는 1위 기업으로 자리하게 된 것이다. 그래서 제이유 네트워크 사업자는 네트워크 마케팅 산업의 미래와 자신의 회사 미래에 대한 책임감과 주인으로서 사명감이 있어야 한다고 생각하는 것이다.

여러분은 진정한 네트워커라 생각하는가? 여러분이 제이유 네트워크의 진정한 주인이라고 생각하는가?

그렇다면 이제부터는 주인이 나서야 할 때라고 생각한다.

창업자와 함께 주인이 나서서 회사의 완성된 모습을 반드시 만들어 내야 하는 것이다.

현재 제이유 네트워크에는 해결되어야 할 크고 작은 일들이 있을 수 있을 것이다. 아직 완성된 것은 아닐 테니까 말이다.

그 일들을 문제로 인식하는 사람은 주인이라 할 수 없을 것이다. 주인은 그 일들을 해결되어야 할 과제라 생각하고, 스스로 그것을 해결하려 노력하는 사람인 것이다.

각자가 주인으로서의 일을 제대로 해낼 수 있으려면 그 일에 사명감을 가져야 한다고 본다.

사명감을 갖기 위해 필요한 것은

첫째, 창업자가 제시한 청사진이 반드시 완성된다는 믿음이다.

둘째, 자기가 하는 일이 가치 있는 일이라는 믿음이다.

셋째, 이 일을 통해 자신의 꿈이 반드시 이루어진다는 믿음이다.

올바른 역사는 신념을 가진 자에 의해 이루어져 왔다. 신념은 '믿음과 사명감' 의 소산이다. 이 사업 속에서 진정한 성공을 하기 위해 제이유 네트워크 사업자는 두 가지 일을 잘 해야 한다고 생각한다. 그것은 바로 소비생활과 조직 확산이다. 제이유 네트워크 사업에서 소비생활을 통한 소득 창출은 단 한 명의 피해자도 만들지 않기 때문에 위대하다고 생각한다.

이 위대함을 바탕으로 이 일에 대한 신념이 형성된 사람은 조직 확산을 통한 성공 즉, 타인을 성공시킴으로써 본인의 큰 성공을 이루는 가치 있는 일을 통하여 시간과 재정적인 자유를 얻는 진정한 성공자가 될 수 있을 것이다.

그리고 제이유 네트워크 사업을 통해 성공을 이루는 자가 진정한 제이유 네트워크의 주인일 것이다.

제이유 네트워크의 주인이 되길 진정 원하는가?

그렇다. 바로 당신이 이 일의 주인인 것이다.

어떤 일이든 꿈을 가지고 노력하면 반드시 기적은 이루어진다는 것이 창업자의 생각이다.

제이유 네트워크에서 멋진 성공을 이룬 여러분의 모습을 기대한다.

You can do it!

제7장 | 소비생활 마케팅 확산운동

소비생활 마케팅 확산운동

나라가 어려움에 빠졌을 때, 그 시대의 선각자들은 목숨을 걸고 앞장서 나라를 구하는 일을 해냈다. IMF 관리 체계에서 이 나라 국민은 금 모으기 운동으로 현실 계몽운동을 했고, 갖은 노력으로 국가는 IMF체계로부터 빠져 나왔다.

그렇지만 그 후 국민들의 경제 상황은 IMF 때보다 자꾸 어려워져만 갔다.

불확실한 경제 현실은 소비를 위축시켰고, 급기야 금년 설날과 추석에 정부는 이례적으로 선물주기 운동까지 펼치며 소비를 활성화하기 위해 안간힘을 쓰고 있다.

이 시기에 소비가 소득이 되는 소비생활 마케팅의 활성화는 국가 경기를 부양하는 위대한 방책이 될 수 있을 것이다.

소비는 지출이 될 수밖에 없었던 과거의 경제 흐름의 원리를 고정관념으로 갖고 있던 많은 지식층에서 점차 소비가 소득이 될 수 있다는 신개념의 소비생활 방식을 인정하기 시작하면서, 제이유 네트워크의 소비생활 마케팅은 급속히 확산되어 가고 있다.

많은 국민들은 오피니언 리더 그룹들에 의해 현실을 판단하고 그들을 추종하며 생활한다. 스스로 오피니언 리더 그룹에 해당한다고 생각하는 사람이라면, 이제는 제이유 네트워크의 소비생활 마케팅의 진실을 파악하고, 그들의 추종자들에게도 이 방식을 선택할 수 있는 기회를 주어야 할 필요가 있는 것이다. 즉, 자신의 고정관념 때문에 주변의 많은 추종자들의 신분 상승의 기회를 막고 있는 우를 범하지는 말아야 한다고 생각한다.

제이유 네트워크가 소비생활 마케팅으로 단 한 사람의 피해자도 만들지 않으면서, 많은 성공자를 배출하고, 소비를 촉진시켜 중소기업을 살리고, 농어민을 살려내 국가경제에 이바지함은 물론, 다국적 기업들의 유통방식을 물리치고 동종업계에서 타의 추종을 불허할 정도의 격차로 1위를 유지하고, 이와 같은 결과로 유통업계를 주도하며 국부의 유출을 막고 있다는 사실을 인정해야 할 것이다.

이제는 정부도 국내에서 제이유 네트워크의 마케팅 방식이 완전히 정착할 수 있도록 지원을 아끼지 말아야 할 것이다. 이 유통방식이 국내에서 완전히 자리를 잡고 안정되면, 세계 여러 나라에 소비가 소득이 되는 소비생활 마케팅 개념을 반영한 유니온 마케팅의 유통방식을 가지고 진출할 것이며, 그 결과는 국내 중소기업 제품의 수출로 이어지게 되고, 그 나라에서 유통이익을 창출해 일반적인 방식으로 상품을 수출하는 것보다 우수한 방법으로 국가경제에 기여할 수 있는 것이다.

새마을 운동이 공익사업으로 보릿고개를 넘기고 국민소득 1만불($) 시대까지 오는 원동력이었다면, 소비생활 마케팅 확산운동은 소비를 활성화 하여 국민소득 2만불($) 시대를 앞당기고 이 운동에 참여한 사람들이 상류층으로 신분 상승하는 힘을 발휘할 수 있을 것이라 생각한다.

이제 급성장을 앞둔 이 방식을 먼저 파악하고 참여한 사람들은 21세기에 기득권자의 삶을 살게 되는 기회로 활용할 수 있다고 본다.

또한 현실적으로 어려움에 처한 많은 사람들에게 꿈과 희망을 줄 수 있는 멋진 일이라고 생각한다.

제8장 | 부자로 사는 시스템을 상속하라

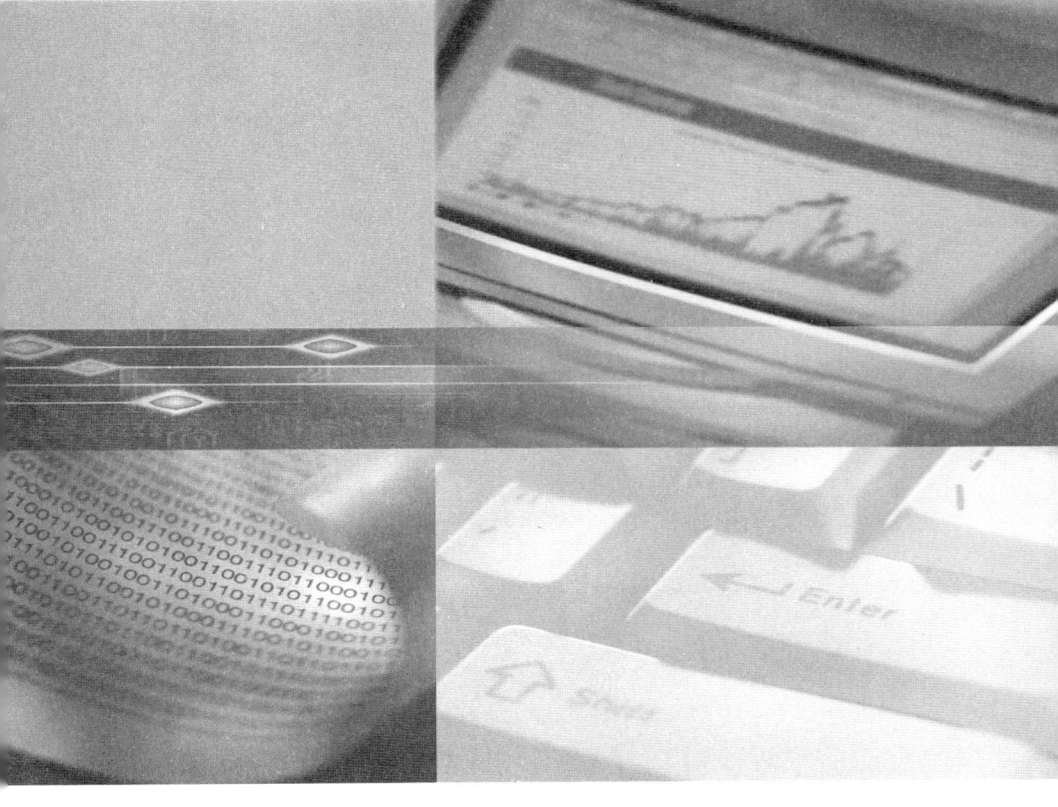

부자로 사는 시스템을 상속하라

<세상의 변화를 준비하라!>

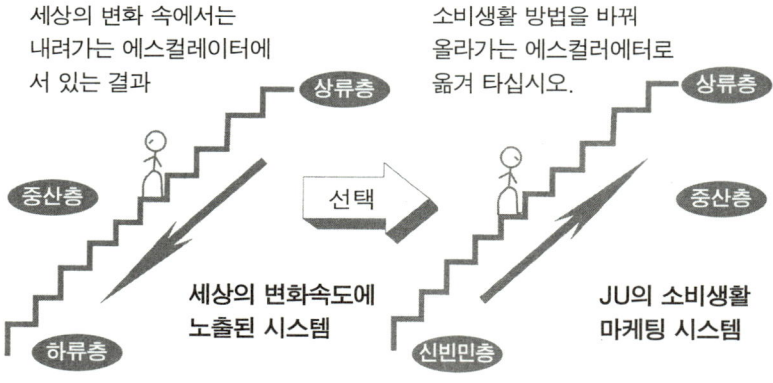

세상의 변화 속에서는
내려가는 에스컬레이터에
서 있는 결과

소비생활 방법을 바꿔
올라가는 에스컬러에터로
옮겨 타십시오.

상류층

중산층

선택

상류층

중산층

세상의 변화속도에
노출된 시스템

JU의 소비생활
마케팅 시스템

하류층

신빈민층

현재 하고 있는 일로써 자신의 미래가 보장되는지 생각해
보자.

이 세상의 99.7%의 평범한 논리로는 부자가 될 수 없다.

그 논리에 의존하는 사람들은 남의 판단에 자신의 인생을
맡긴 사람들이기에 평범한 삶을 살 수밖에 없다.

0.3%의 부자들은 자신의 인생을 스스로 책임지는 사람들이다.

그들은 남과 다른 생각을 한다. 그들은 남과 다른 일을 한다. 그들은 남보다 빨리 정보를 파악하고 분석한다. 그들은 남이 선택하기 전에 먼저 선택하고, 남들이 선택할 때가 되면 벌써 다른 선택을 한다.

부자가 되려면 부자와 같은 방법으로 생각하고, 그들이 하는 대로 따라 해 보라.

현재 사회는 엄청난 변혁기를 거쳐 가고 있으면서, 사회 계층구조를 10%의 상류층과 90%의 신빈민층으로 재편성하고 있다. 이제 더 이상 중산층은 없다. 세상의 변화에 앞서가지 못하거나 적응하지 못한 사람은 신빈민층으로 전락할 수밖에 없는 것이 현실이다.

그렇지만 개인의 능력으로 세상 변화에 다 대처할 수 있는 사람은 아무도 없을 것이다.

그렇다면 소비생활 마케팅으로 급성장하는 제이유 네트워크의 시스템을 확인해 보고 거기에 편승해 보길 권한다. 여러분의 삶을 부자의 길로 안내할 수 있을 것이다.

여러분의 신분 상승은 물론, 그 모든 성과가 상속됨으로써 여러분 자녀의 미래까지 보장받을 수 있는 기회가 될 수도 있을 것이다.

에필로그

"뜻이 있는 곳에 길이 있다"고 했다.

그러나 항상 먼저 뜻을 세운 사람은 외롭고 고독한 법이다.

"인간은 자기가 뱉어낸 말의 굴레 속에서 살아간다"고 어느 철학자는 말했다.

제이유 네트워크의 창업자는 누가 원하지도 않은 길을 스스로의 사명으로 정해 그 길을 가겠노라 마음 먹고, 아니가다가 중단하는 우를 범하지 않으려고, 자신도 믿지 못할만큼 무시무시한 목표를 선언해 놓고, 그것을 지키는 길만이 사람과 짐승의 판단 기준이라는 배수진을 쳤다.

그리고 가슴 속에 새긴 한 마디.

"盡人事 待天命(진인사 대천명)"

수없는 고초와 인간으로서 견디기 어려운 한계 상황이 와도, 한 번 선언한 당신의 말을 지켜 인간이 되길 원했기에 불가능을 가능케 했던 수많은 일들이 지나갔다. 그의 앞에 나타나는 위기는 항상 막다른 길인가 싶으면 새로운 아이디어가 창출되면서, 끊임없는 도전과 변화가 이어지는 속에 이제 그 사명이 완수되어 가고 있는 것이다.

지성이면 감천이고, 하늘은 스스로 돕는 자를 돕는다고 했던가?

생각이 다르니 결과도 달리 나올 수 있었던 것 같다.

이젠 그 사명감과 출발의 철학의 차이가 어떤 결과가 되어 돌아오고 있는지, 많은 사람들이 눈으로 확인하고 있다.

불과 3년 8개월 만에 동종업계 1위 자리에 올라 이제는 점점 격차가 벌어져 업계를 선도해 가는 기업으로 자리하고 있는 것이다.

소비생활 마케팅은 위대한 발상이었다.

한 사람의 사명감과 철학이 만들어 낸 새로운 개념이 금세기 최고의 경제활동 기법이 될 수 있다는 것을 결과로 증명해 보였다. 그리고 이것을 믿고 함께 한 사람들 중 많은 부자들을 탄생시킨 것이다.

그러나 아직도 많은 이들은 이 개념을 인정하지 않으려고 하는 것이 현실인 것 같다.

그것을 인정하지 못하는 이들의 경제활동 기법은 늘 소비가 지출로 이어지고 있는 것이다. 오늘도 허리띠를 졸라 매고, 덜 쓰며 사는 위축된 삶을 살면서도 그들의 미래는 항상 불안할 수밖에 없는 것이다.

그러나 얼마나 다행스러운 일인가? 이미 남들이 다 인정하는 일이라면 당신에게까지 기회가 있겠는가? 하지만 당신도 그것을 확인해 볼 수 있는 용기가 없다면, 또 소비가 지출로 이어지는 경제구조 속에서 살아가야 하는 것이다.

만약 이 책을 누군가로부터 전달 받았다면, 그는 당신이 소비생활 방법을 바꾸기를 진심으로 원하는 사람일 것이다. 왜냐하면 그는 당신이 잘 살기를 바라는 가까운 사람일 것이 틀림없을 것이니 말이다.

당신의 소비가 소득으로 연결되어, 미래에 보다 나은 멋진 삶을 함께 보내기를 원하는 가까운 사람에게만 이 정보는 전달되어지고 있기 때문이다.

여러분의 선택은 자녀를 사랑하는 부모로서 당연한 일일 것이라 생각한다.

이 시대를 살아가는 경제인구의 중심에 베이비붐 세대가 자리를 잡고 있다. 그들을 부모님께 효도하는 마지막 세대! 자식에게 버림 받는 최초의 세대! 라고 말한다. 얼마나 서글픈 이야기인가? 하지만 여기에 포함된 속뜻은 다음 세대가 얼마나 고달픈 삶을 살아가야 하는지를 예견하고 있는 말이기도 하다. 우리 자녀들의 세대가 자기 앞 가림을 하기도 어려운 삶이 될 것이라는 예견인 것이다.

만약 당신이 소비하는 방법을 바꿔 보지 못할 정도로 변화에 대한 의지가 없다면, 소비방법을 바꾼 사람의 자녀와 비교해서 당신은 자신과 자녀의 미래에 대한 완벽한 대비가 있어야 할 것이라 생각한다.

자녀에게 원망 듣지 않기 위해서라도 지금 하는 일로부터 엄청난 성공을 해야 하지 않을까? 이 책을 전해준 사람의 자녀와 당신 자녀가 서로 아는 관계라면, 그들이 살아가면서 서로를 비교할 것이고, 당신이 선택한 결과에 대해 평가하며 살게 될 테니 말이다.

얼마 전 호주제가 폐지되었다는 보도를 보며 많은 생각을 했다. 우리의 부모 세대에서는 아들을 낳으면 대를 이었다고 안심할 수 있었다. 이젠 자녀의 성별이 문제가 아니라, 그 자녀의 현실 상황과 능력에 따라 본인의 성을 딴 후손이 이어질 수도, 그렇지 못할 수도 있는 것이다.

자녀에게 내가 가진 능력을 물려줄 수 있을까? 능력 자체를 물려줄 수는 없지만, 당신의 능력도 아닌 소비생활 방법의 선택과 실천만으로 부를 이룰 수 있으며, 그 결과를 인세와 같은 마르지 않는 소득원으로 물려줄 수 있는 길을 만들어 놓고 그 길로 함께 가기를 원하는 것이다. 이 길을 가다 보면 남을 돕는 가치 있는 일을 하는 속에서 여러분과 여러분 자녀의 행복은 이루어질 수 있으리라.

필자는 이 책을 쓰면서 요즈음 줄기세포로 세계를 놀라게

하고 미래의 꿈을 밝게 해주는 황우석 박사팀의 업적과 제이유 네트워크의 창업자가 해낸 작은 생각의 차이가 이루어 낸 패러다임의 변화가 내가 살고 있는 이 나라에서 일어난 것이 얼마나 다행스러운 일인가를 새삼 느끼게 된다.

이 생각과 시도의 결과를 마음껏 누리며, 세계 속을 누비는 많은 후대의 수혜자들을 상상해 보니 이 나라 국민의 한 사람으로서 뿌듯함이 느껴진다.

부록 | 보도자료

제이유, 암웨이 아성 깼다

8월 매출 640억 3년 6개월만에 업계 1위 등극

파이낸셜 뉴스

2003년 9월 8일 │ 네트워크 마케팅 │ 제991호 │ 13면

제이유, 암웨이 아성 깼다

8월 매출 640억 3년6개월만에 업계 1위 등극

13년째 네트워크 마케팅시장에서 붙박이 1위를 달리고 있는 한국암웨이의 아성이 깨졌다.

7일 업계에 따르면 올해 들어 한국암웨이의 매출은 감소한 반면, 업계 2위였던 제이유네트워크가 무서운 신장세로 추격, 최근 한국암웨이를 제친 것으로 알려졌다.

제이유네트워크는 회사 설립 3년 6개월만인 최근 사내뉴스를 통해 '업계 정상에 섰다'며 이를 공식화했다.

양측이 모두 정확한 매출을 공개하고 있지 않고 있지만 업계에서도 8월 매출은 제이유네트워크가 암웨이를 다소 앞지른 것으로 보고 있다.

제이유네트워크에 따르면 지난 8월 사업자들의 휴가가 겹쳐 대부분의 네트워크업체 매출이 감소한 가운데서도 전월 500억원대보다 크게 신장, 640억원의 매출을 올렸다. 반면, 올해 들어 월 800억원 가량의 매출을 올린 한국암웨이는 8월 매출이 600억원대로 떨어진 것으로 알려졌다.

이에 대해 한국암웨이는 대수롭지 않다는 반응이다. 한국암웨이 관계자는 "그동안 폭발적인 매출을 기록하다 갑자기 급감한 국내 네트워크 업체들이 많다"면서 "국내 업체의 매출을 끌어올리는 무의미하다"고 말했다.

제이유네트워크의 매출에 큰 의미를 부여하지 않겠다는 것이다. 이 관계자는 이어 "제이유네트워크의 매출이 급상승하고 있지만 경영대상으로 생각하지는 않는다"며 "제이유네트워크가 안정적인 성장세를 이어갈 수 있을지는 미지수며 특히 외형적 성장보다는 내실이 더 중요하다"며 회의적인 반응을 보였다.

그러나 이같은 제이유네트워크의 약진은 향후 업계의 판도 변화를 예고하고 있다.

제이유네트워크는 올해 초 400억 원대에 이르면 월 매출은 7월 500억원대로 오른데 이어 8월에는 640억으로 집계되는 등 올해 들어서만 100% 이상의 신장세를 이어갔다. 지난해 7월에 업계 매출 순위를 올 상반기 2위로 끌어올린 뒤 급기야 8월 1위 자리에 등극했다. 이같은 성장은 경기불황으로 네트워크 업체들이 마이너스 성장을 기록한 가운데서 더욱 주목을 받고 있다.

업계는 이같은 상황이 지속될 경우 제이유네트워크가 연말 이전에 확실한 1위 자리를 구축할 것으로 예상한다.

제이유네트워크는 업계 정상 등극에 대해 소비생활 마케팅과 백화점, 할인점 등을 연결시킨 토털 네트워크 마케팅이 실효를 거둔 것으로 보고 있다. 또 조직 중심이라는 네트워크 마케팅의 한계를 극복하고, 사람 위주의 경영에 주력한 것이 업계 정상을 견인한 것으로 평가하고 있다.

주수도 제이유네트워크 회장은 "제이유네트워크의 성공전체의 생활속네트워크, 사랑 중심의 경영 등이 효과를 발휘한 것이라며 "앞으로 매출증진에 힘에 내실 다지는 데 주력하는 한편 투명경영, 정도경영, 봉사경영 등을 위한 상시적 시스템을 구축해나가고 있다"고 말했다.

njsub@fnnews.com 노종섭 기자

13년째 네트워크 마케팅 시장에서 붙박이 1위를 달리고 있는 한국암웨이의 아성이 깨졌다.

7일 업계에 따르면 올해 들어 한국암웨이의 매출은 감소한 반면, 업계 2위였던 제이유 네트워크가 무서운 신장세로 추격, 최근 한국암웨이를 제친 것으로 알려졌다.

제이유 네트워크는 회사 설립 3년 6개월만인 최근 사내뉴스를 통해 '업계 정상에 섰다'며 이를 공식화했다.

양측이 모두 정확한 매출을 공개하지 않고 있지만 업계에서도 8월 매출은 제이유 네트워크가 암웨이를 다소 앞지른 것으로 보고 있다.

제이유 네트워크에 따르면 지난 8월 사업자들의 휴가가 겹쳐 대부분의 네트워크 업체 매출이 감소한 가운데서도 전월 500억원대보다 크게 신장, 640억원의 매출을 올렸다. 반면, 올해 들어 월 800억원 가량의 매출을 올린 한국암웨이는 8월 매출이 600억원대로 떨어진 것으로 알려졌다.

이에 대한 한국암웨이는 대수롭지 않다는 반응이다. 한국암웨이 관계자는 "그동안 폭발적인 매출을 기록하다 갑자기 급감한 국내 네트워크 업체들이 많다"면서 "국내 업체의 매출 끌어올리기는 무의미하다"고 말했다.

제이유 네트워크의 매출 신장세에 큰 의미를 부여하지 않겠다는 것이다. 이 관계자는 이어 "제이유 네트워크의 매출이 급상승하고 있지만 경쟁대상으로 생각하지는 않는다"며 "제이유 네트워크가 안정적인 성장세를 이어갈 수 있을지는 미지수며 특히 외형적 성장보다는 내실이 더 중요하다"며 회의적인 반응을 보였다.

그러나 이 같은 제이유 네트워크의 약진은 향후 업계의 판도 변화를 예고하고 있다.

제이유 네트워크는 올해 초 400억 원대에 이르던 월 매출이 7월 500억원대로 오른 데 이어 8월에는 640억원으로 집계되는 등 올해 들어서만 100% 이상의 신장세를 이어갔다. 지난해 7위이던 업계 매출 순위를 올 상반기 2위로 끌어올

린 뒤 급기야 8월 1위 자리에 등극했다. 이 같은 성장은 경기불황으로 네트워크 업체들이 마이너스 성장을 기록한 가운데서 더욱 주목을 받고 있다.

업계는 이 같은 상황이 지속될 경우 제이유 네트워크가 연말 이전에 확실한 1위 자리를 구축할 것으로 예상했다.

제이유 네트워크는 업계 정상 등극에 대해 소비생활 마케팅과 백화점, 할인점 등을 연결시킨 토털 네트워크 마케팅이 실효를 거둔 것으로 보고 있다. 또 조직 중심이라는 네트워크 마케팅의 한계를 극복하고, 사람 위주의 경영에 주력한 것이 업계 정상을 견인한 것으로 평가하고 있다.

주수도 제이유 네트워크 회장은 "제이유 네트워크의 성공전략은 생활속 네트워크, 사람 중심의 경영 등이 효과를 발휘한 것"이라며 "앞으로 매출증진 외에 내실 다지는 데 주력하는 한편 투명경영, 정도경영, 봉사경영 등을 위한 상시적 시스템을 구축해 나가고 있다"고 말했다.

노종섭기자 njsub@fnnews.com

"네트워크 판매의 혁명 이뤄낼 것"

창업 3년만에 매출 7,000억원 기록…
2006년 전재산 사회복지재단 설립

우선 최고경영자의 마인드가 어떤가를 봐야 한다고 생각합니다.
최고경영자의 그릇된 판단은 회사를 사지로 몰아넣기 때문입니다.
회사의 부채비율도 중요하겠지요. 또 족벌경영체제인지도 고려해야 할 것입니다.

회사를 이끌어갈 사람도 중요합니다. 우리는 오로지 능력만 보고 사람을 봅니다. 나이나 학력은 중요치 않습니다. 80년대 초반에 만들었던 영재학원은 1년 만에 명문 입시학원으로 성장했습니다. 입시생들이 몇 개월씩을 기다려야 수강할 수 있을 정도였지요. 그 당시 우수한 강사들을 고액을 주고 영입하는 등 그만큼 투자를 했기 때문에 가능했다고 봅니다. 투자하고 노력한 만큼 성과를 얻는 것은 당연한 것 아닌가요.

유명 학원을 운영하다가 네트워크 판매사업으로 발길을 돌린 이유는 무엇입니까.

그동안 중소기업이나 벤처기업들이 좋은 제품들을 만들고서도 어마어마한 마케팅비용을 마련하지 못해 판로가 막혀버린 현실을 보고 부척 안타까워했던 게 사실입니다. 나도 96년 컴퓨터를 만들어 판매도 해보았지만 쉽지 않았습니다. 당시 일영인타내서널이라는 네트워크 판매회사를 자러 판로을 찾아보려 했지만 경험부족으로 실패하고 말았지요. 네트워크 판매회사에 근무해 본 적이 없는데다 혼자 책을 보며 공부하다 보니 이론과 실제의 간격을 간파하지 못했던 겁니다. 어쨌든 나는 중소기업, 벤처, 심지어 농어민들이 피땀 흘려 만든 품질 좋은 상품이나 곡식이 소비자들에게 값싸게 전달되어 양쪽이 모두 윈윈(win-win)하는 구조를 만들어졌다고 줄곧 생각해왔습니다. 그래서 이것을 해결해 줄 수 있는 것은 네트워크 판매사업이라고 믿었던 것입니다.

일반적으로 네트워크 판매사업에 대해 부정적인 시각도 만만치 않습니다. 주회장이 선보인 판매 기법은 이를 어느 정도 해결했나요.

그동안의 네트워크 판매사업은 조직마케팅이 주류를 이뤘습니다. 이는 자기 밑에 얼마나 많은 사람을 두느냐, 아울러 이들이 얼마만큼 소비하고 판매하는가에 따라 직급 내지 수당이 결정되는 구조로 이뤄져 있습니다. 이러다 보니 일부 사업자들 중에는 직급이나 수당을 올려 받기 위해 일종의 입어내 기식 매출을 시도하는가 하면 하부조직을 무리하게 넓히는 과정에서 물의를 일으키기도 했습니다. 이뿐만 아니라 이들의 대부분은

피라미드 형태여서 속칭 막차를 탄 사람들은 상위사업자들만 배불리게 하는 것 아니냐는 지적도 있었습니다. 우리는 이와 전혀 다릅니다. 쉽게 말해 회원이 다른 사람을 끌어들이지 않고 소비만 해도 자신의 위상이나 수당을 높일 수 있다는 것입니다. 또한 구조가 피라미드가 아닌 마름모 형태여서 뒤늦게 뛰어들어도 자신의 역량에 따라 상위자를 따라잡을 수 있습니다. 그러니 무리하게 하부조직을 늘릴 필요가 없지요.

판매하는 상품의 질과 가격도 우수하다고 확신합니다. 매일 위성을 통해 영상회의를 주재하는 자리에서 사업자들에게 "회사에서 판매하는 같은 질의 상품보다 5% 이상 싼 제품을 찾아오면 1,000만원을 주겠다"고 했습니다. 자신 있다는 얘기죠. 그런데 최근 한 사업자가 한 제품을 찾아와 1,000만원을 그 자리에서 줬습니다. 아마 그 이상은 없을 겁니다.

그동안 11개에 이르는 기업을 창업했는 데 앞으로 얼마나 많은 기업을 세울 계획입니까.

모기업인 제이유네트워크 외에 유티맨 주코백화점 등은 네트워크 판매를 보완해주는 계열사입니다. 우리가 타사에 비해 장점이 있다면 온·오프라인 모두에서 제품을 판매한다는 것입니다. 필요하다면 기업을 더 만들겠지만 지금 당장은 계획이 없습니다. 그보다 해외진출 쪽에 많은 관심을 갖고 있습니다. 우리도 외화를 벌어야죠. 중국 옌벤에 대형매장 건립을 준비 중이고, 올해 안에 일본에 현지법인를 만들 생각입니다. 내년에는 미국, 동남아 등지에도 진출할 계획입니다.

예비 사업자들에게 조언을 한다면.

우선 최고경영자의 마인드가 이떤가를 봐야 한다고 생각합니다. 최고경영자의 그릇된 판단은 회사를 사지로 몰아넣기 때문입니다. 회사의 부채비율도 중요하겠지요. 또 족벌경영체제인지도 고려해야 할 것입니다. 우리 회사는 나와 관련 있는 친인척이 하나도 없습니다. 경영을 공개적이고 투명하게 하는가도 참고해야 할 것입니다. 법질서를 지키고 탈세가 없는 건전한 기업이어야 함은 당연한 것이겠지요. ❏

이창희 기자 twin92@kbizweek.com

에 진학하지 못했던 주 회장은 검정고시를 거쳐 미국 콜롬비아 퍼시픽 대학에서 영문학을 전공했다. 20대 초반에는 학원가에서 유명한 영어 강사로 이름을 날렸고, 입시생들이 줄을 서서 기다렸던 영재학원을 운영하기도 했다. 한때 정치에 발을 들여 전재산을 날렸던 주 회장은 96년 자신이 직접 만든 컴퓨터 네트워크 판매회사를 운영했지만 1년 반 만에 주저앉고 말았다. 그리고 99년 말 새로운 방식의 네트워크 판매기법을 선보이며 업계에 돌풍을 일으켰다.

"네트워크 판매의 혁명을 이뤄낼 겁니다. 지난 97년 컴퓨터 네트워크 판매사업을 접을 무렵이었을 겁니다. '내가 피해자를 생산하는 공장을 운영하고 있는 게 아닌가' 하는 생각에 아찔했던 기억이 생생히 납니다. 이제는 네트워크 판매방식도 변해야 합니다."

'생활 속의 네트워크' 라는 신개념을 만들어낸 주수도 주코그룹 회장 (47)의 변이다. 주 회장은 99년 12월 말 창업해 3년만에 7,000억원이라는 경이적인 매출실적을 올렸다.

주 회장의 인생역정은 파란만장하다. 가정 형편이 어려워 고등학교

서울시 강남구 신사동 사옥에 마련된 주 회장의 집무실은 서너 평에 불과하다. 그러다 보니 책상과 책장 5~6명이 둘러앉을 수 있는 회의용 원탁테이블이 전부다. 책상에는 온갖 서류들이 쌓여 있는 데다 그나마 빈 공간 여기 저기에 메모장들이 붙어 있어 주 회장의 일욕심이 어느 정도인가를 엿볼 수 있다.

주 회장은 〈네트워크 사업의 실체적 진실〉이라는 책도 곧 낼 예정이다. 주 회장은 무엇을 위해 엄청난 정력을 쏟아붓고 있는 것일까. 2006년 전재산을 들여 사회사업에 전념하겠다는 게 주 회장의 답이다.

주코그룹의 고속성장이 업계에 화제가 되고 있습니다. 그 비결은 무엇인가요.

간단합니다. 남들보다 많이 일했기 때문입니다. 창업 후 지금까지 매일 18~19시간을 일에 파묻혀 살았습니다. 그래서 성장기간을 단축시킬 수 있었다고 봅니다. 일반 회사원처럼 일했다면 완만하게 성장했겠지요. 물론 회사를 이끌어갈 사람도 중요합니다. 우리는 오로지 능력만 보고 사람을 뽑습니다. 나이나 학력은 중요치 않습니다. 80년대 초반에 만들었던 영재학원은 1년만에 명문 입시학원으로 성장했습니다. 입시생들이 몇 개월씩 기다려야 수강할 수 있을 정도였지요. 그 당시 우수한 강사들을 고액을 주고 영입하는 등 그만큼 투자를 했기 때문에 가능했다고 봅니다. 투자하고 노력한 만큼 성과를 얻는 것은 당연한 것 아닌가요.

유명 학원을 운영하다가 네트워크 판매사업으로 발길을 돌린 이유는 무엇입니까?

그동안 중소기업이나 벤처기업들이 좋은 제품들을 만들고서도 어마

어마한 마케팅비용을 마련하지 못해 판로가 막혀 버린 현실을 보고 무척 안타까워 했던 게 사실입니다. 나도 96년 컴퓨터를 만들어 판매도 해보았지만 쉽지 않았습니다. 당시 일영인터내셔널이라는 네트워크 판매회사를 차려 판로를 찾아보려 했지만 경험부족으로 실패하고 말았지요. 네트워크 판매회사에 근무해 본 적이 없는데 다 혼자 책을 보며 공부하다 보니 이론과 실제의 간격을 간파하지 못했던 겁니다. 어쨌든 나는 중소기업, 벤처, 심지어 농어민들이 피땀 흘려 만든 품질 좋은 상품이나 곡식 등이 소비자들에게

값싸게 전달돼 양쪽이 모두 윈윈(win-win)하는 구조를 만들어야겠다고 줄곧 생각해 왔습니다. 그래서 이것을 해결해 줄 수 있는 것은 네트워크 판매사업이라고 믿었던 것입니다.

일반적으로 네트워크 판매사업에 대해 부정적인 시각도 만만치 않습니다. 주 회장이 선보인 판매기법은 이를 어느 정도 해결했나요?

그동안의 네트워크 판매사업은 조직마케팅이 주류를 이뤘습니다. 이는 자기 밑에 얼마나 많은 사람을 두느냐, 아울러 이들이 얼마만큼 소비하고 판매하는가에 따라 직급 내지 수당이 결정되는 구조로 이뤄져 있습니다. 이러다 보니 일부 사업자들 중에는 직급이나 수당을 올려 받기 위해 일종의 밀어내기식 매출을 시도하는가 하면 하부조직을 무리하게 넓히는 과정에서 물의를 일으키기도 했습니다. 이뿐만 아니라 이들의 대부분은 피라미드 형태여서 속성상 막차를 탄 사람들은 상위사업자들만 배불리게 하는 것 아니냐는 지적도 있었습니다. 우리는 이와 전혀 다릅니다. 쉽게 말해 회원이 다른 사람을 끌어들이지 않고 소비

만 해도 자신의 위상이나 수당을 높일 수 있다는 것입니다. 또한 구조가 피라미드가 아닌 마름모 형태여서 뒤늦게 뛰어들어도 자신의 역량에 따라 상위자를 따라잡을 수 있습니다. 그러니 무리하게 하부조직을 늘릴 필요가 없지요.

판매하는 상품의 질과 가격도 우수하다고 확신합니다. 매일 위성을 통해 영상회의를 주재하는 자리에서 사업자들에게 '회사에서 판매하는 같은 질의 상품보다 5% 이상 싼 제품을 찾아오면 1,000만원을 주겠다'고 했습니다. 자신 있다는 얘기죠. 그런데 최근 한 사업자가 한 제품을 찾아와 1,000만원을 그 자리에서 줬습니다. 아마 그 이상은 없을 겁니다.

그동안 11개에 이르는 기업을 창업했는데 앞으로 얼마나 많은 기업을 세울 계획입니까?

모기업인 제이유 네트워크 외에 유티엔 주코백화점 등은 네트워크 판매를 보완해 주는 계열사들입니다. 우리가 타사에 비해 장점이 있다면 온·오프라인 모두에서 제품을 판매한다는 것입니다. 필요하다면 기업을 더 만들겠지만 지금 당장

은 계획이 없습니다. 그보다 해외진출 쪽에 많은 관심을 갖고 있습니다. 우리도 외화를 벌어야죠. 중국 옌볜에 대형매장 건립을 준비중이고, 올해 안에 일본에 현지법인을 만들 생각입니다. 내년에는 미국, 동남아 등지에도 진출할 계획입니다.

예비 사업자들에게 조언을 한다면?

우선 최고경영자의 마인드가 어떤가를 봐야 한다고 생각합니다. 최고 경영자의 그릇된 판단은 회사를 사지로 몰아넣기 때문입니다. 회사의 부채비율도 중요하겠지요. 또 족벌경영체제인지도 고려해야 할 것입니다. 우리 회사는 나와 관련 있는 친인척이 하나도 없습니다. 경영을 공개적이고 투명하게 하는가도 참고해야 할 것입니다. 법질서를 지키고 탈세가 없는 건전한 기업이어야 함은 당연한 것이겠지요.

이창희기자 twin92@kbizweek.com

상위 그룹서 소득 90% 독식

네트워크업계 사업자 실제소득 JU 1위, 하이리빙 5위
사업자별 소득 총액 비율 한국암웨이 29% 최저

5대 다단계 기업 판매원 수익과 기업현황 조사

다단계 대기업의 판매원 10%가 발생 소득을 거의 독점하고 있는 것으로 확인됐다.

이 같은 사실은 공정거래위원회가 한국암웨이(대표 박세준)를 비롯 다이너스티 인터내셔날(대표 장대진) 앨트웰(대표 황용석) 하이리빙(대표 백승혁) 제이유 네트워크(대표 정생균) 등 국내 5대 다단계 메이저 기업의 총판매원 399만 2000명의 수익과 기업현황을 조사, 국회에 제출한 자료 분석결과 밝혀진 것이다. 〈별표 참조〉

이 자료에 따르면 연간 총 매출액 규모별로는 한국암웨이가 1조 1731억 6700만원으로 가장 많았고, 다이너스티 인터내셔날이 4866억 5400만원, 앨트웰이 3568억 200만원, 하이리빙이 2311억 7600만원, 제이유 네트워크가 1968억 9600만원 등의 순이었으나, 특히 매출액 대비 판매원

의 소득총액 비율은 △제이유 네트워크 53.1% △다이너스티 인터내셔날 42.9% △앨트웰 40.6% △하이리빙 34.3% 등으로 나타난 데 이어 한국암웨이는 29.2%로 가장 저조해 업체별로 심한 격차를 드러냈다.

특히 이들 판매원 소득 총액 가운데, 이들 다단계 대기업 거의 모두 상위 10%의 판매원이 총소득액의 86.6%에서 91%까지를 과점하고, 나머지 90%의 판매원의 해당 기업의 총소득 중 불과 10%대의 소득을 서로 나눠 갖는, 매우 심한 '계층별 격차' 현상을 보이고 있는 것으로 분석됐다.

기업별로는 한국암웨이의 경우 총판매원 중 상위 10%의 판매원에게 연간 소득총액 3422억 8400만원의 91%인 3115억 1100만원이 돌아가 가장 심한 '계층별 격차'를 기록했고, 다이너스티도 상위 10% 판매원에게 연간 소득총액의 87.9%인 1845억 5500만원이, 앨트웰은 88.1%인 1277억 3384만원, 하이리빙도 86.6%인 687억 3820만원이 각각 상위 10%에 들어가 대형 다단계 기업의 상위 과점현상이 매우 심한 것으로 조사됐다.

다단계 대형 5개사 판매원 수익 및 영업현황 비교

(단위:명, 천원)

기업명	판매원	소득판매원	1인당소득(연평균)	총매출액	소득총액(매출대비)	상위10%소득점유율
한국암웨이	1,178,661	504,472	679	1,173,167,000	342,284,252 (29.2%)	91%
다이너스티인터내셔널	1,109,562	633,818	331	488,654,000	209,844,463 (42.9%)	87.9%
앨트웰	619,966	203,810	711	356,802,000	144,929,291 (40.6%)	88.1%
하이리빙	1,027,567	47,100	1,684	231,176,000	79,298,031 (34.3%)	86.6%
제이유네트워크	56,473	36,933	2,831	196,896,000	104,565,448 (53.1%)	58.1%

★2002년 영업실적을 기준으로 공정거래위 국회제출 자료 분석임.

다만, 제이유 네트워크의 경우는 상위 10%의 소득점유율이 58.1%인 607억 5130억원으로 비교적 낮았다.

한편, 한국암웨이를 비롯한 국내 5대 다단계 대기업 가운데 전체 판매 종사자 중 실제 소득을 올리고 있는 판매원수 비율이 가장 높은 업체는 제이유 네트워크이며 다이너스티 인터내셔날, 한국암웨이, 앨트웰 등의 순위를 기록했고, 특히 가장 저조한 업체는 하이리빙으로 조사됐다.

또 이들 5대 다단계 대기업별 판매원수 1인당 연평균 소득액 순위는 제이유 네트워크가 283만 1000원으로 가장 높은 데 비해 한국암웨이 67만 9000원, 다이너스티 인터내셔날 33만 1000원 등으로 상대적으로 낮은 수준을 기록한 것으로 비교됐다.

지난해 연말 결산을 중심으로 제출된 이 자료는 특히 소속판매원 소득자 비율과 관련, △제이유 네트워크의 경우 총판매원수 5만 6473명 중 3만 6933명이 실제 소득을 올린 것으로 나타나 65.4%의 가장 높은 소득자 비율을 보였고, 그 다음이 △다이너스티 인터내셔날로 110만 9562명의 총판매원중 57%인 63만 3818명 △한국암웨이는 117만 8661명의 총판매원 중 42.8%인 50만 4472명 △앨트웰은 61만 9966명의 총판매원중 32.9%인 20만 3810명 △하이리빙은 102만 7567명의 총판매원중 불과 4.6%인 4만 7100명 등의 순으로 실제 소득자 분포도를 보였다.

특히 다단계 대기업의 판매원 1인당 연평균 소득순위는 제이유 네트워크가 283만 1000원으로 가장 높았고, 2위가 하이리빙 168만 4000원, 3위 앨트웰 71만 1000원, 4위 한국암웨이 67만 9000원, 5위 다이너스티 인터내셔날 33만 1000원 등 순이었다.

한편, 매출액이 높음에도 불구하고, 판매원 소득상황이 이 같이 업체별로 큰 격차를 보이고 있는 이유는 제품원가 등의 책정과정과 판매원 단계별수, 그리고 후원수당 규모 및 주주 배당금 등의 격차, 그리고 외국계 기업의 경우 본국 송금액 등 경영 전략상의 차이에 비롯되는 것으로 전문가들은 풀이하고 있다.

이병도 전문기자reepil@dsnews.co.kr

네트워크업계 '新경영' 눈길

판매원은 '자격증' 소비자는 '회원제'

판매원은 '자격증' 소비자는 '회원제'

네트워크업계 '新경영' 눈길

제이유네트워크 도입

네트워크 마케팅업계가 자격증 제도와 소비형 회원제를 도입하는 등 새로운 전략으로 영토 넓히기에 나섰다.

특히 경쟁업체에서도 비슷한 전략을 검토하고 있어 향후 업계의 판도 변화가 불가피할 전망이다.

8일 관련업계에 따르면 제이유네트워크는 건전한 네트워크 사업 활동과 업계의 부정적인 인식을 개선하기 위해 오는 3월부터 판매원 자격시험 제도를 도입, 사업자 확보에 나서기로 했다.

이 제도는 네트워크 사업을 위해 사업자로 등록하기 전 네트워크 사업에 대한 소양교육과 일정시험을 거친 뒤 자격증을 부여하는 것이다.

이 회사 유승철 이사는 "사업자들이 네트워크 사업에 대한 소양과 기초지식이 부족해 무분별한 사업 활동을 전개하는 사례가 빈발해 네트워크 마케팅이 부정적으로 인식됐다"며 "자격제도 도입으로 이 같은 부정적 인식이 개선되고 건전한 사업 활동을 유도하는 기본제도를 마련하는데 선도적인 역할을 할 것"이라고 전망했다.

이에 앞서 한국암웨이는 판매 및 후원 활동은 하지 않고 자가 소비용으로 제품을 구매하고자 하는 일반소비자를 대상으로 '멤버'회원제를 지난달 2일부터 시행, 소비자군을 넓히고 있다. 멤버회원은 인터넷으로 '멤버'로 가입하면 암웨이 제품을 기존 회원인 독립자영사업자(IBO)들과

동일한 가격으로 구입하고 특히 '방문판매 등에 관한 법률'에 따라 다단계 판매원이 아닌 소비자로 분류돼 법의 보호를 받는다. 그러나 가입을 위해서는 상위 후원 IBO의 회원번호가 반드시 필요하며 후원자가 없을 경우에 고객센터에서 가까운 곳에 사는 기존 회원의 회원번호를 안내하고 있다.

현재 멤버 회원은 모두 4000여명이 등록하는 등 늘고 있는 추세이며 IBO는 한주에 8000명이 가입하는 등 신규회원 가입수는 큰 변화가 없는 것으로 집계됐다.

한편, 하이리빙 등 타 업체에서도 소비형 회원제도 도입을 적극 검토하는 등 새로운 제도에 촉각을 곤두세우고 있다.

/yoon@fnnews.com/ 윤정남기자

제이유 네트워크 도입

네트워크 마케팅업계가 자격증 제도와 소비형 회원제를 도입하는 등 새로운 전략으로 영토 넓히기에 나섰다.

특히 경쟁업체에서도 비슷한 전략을 검토하고 있어 향후 업계의 판도 변화가 불가피할 전망이다.

8일 관련업계에 따르면 제이유 네트워크는 건전한 네트워크 사업 활동과 업계의 부정적인 인식을 개선하기 위해 오는 3월부터 판매원 자격시험 제도를 도입, 사업자 확

보에 나서기로 했다.

이 제도는 네트워크 사업을 위해 사업자로 등록하기 전 네트워크 사업에 대한 소양교육과 일정시험을 거친 뒤 자격증을 부여하는 것이다.

이 회사 유승철 이사는 "사업자들이 네트워크 사업에 대한 소양과 기초지식이 부족해 무분별한 사업 활동을 전개하는 사례가 빈발해 네트워크 마케팅이 부정적으로 인식됐다"며 "자격제도 도입으로 이 같은 부정적 인식이 개선되고 건전한 사업 활동을 유도하는 기본제도를 마련하는 데 선도적인 역할을 할 것"이라고 전망했다.

이에 앞서 한국암웨이는 판매 및 후원 활동은 하지 않고 자가 소비용으로 제품을 구매하고자 하는 일반소비자를 대상으로 '멤버' 회원제를 지난달 2일부터 시행, 소비자군을 넓히고 있다. 멤버회원은 인터넷으로 '멤버'로 가입하면 암웨이 제품을 기존회원인 독립자영사업자(IBO)들과 동일한 가격으로 구입하고 특히 '방문판매 등에 관한 법률'에 따라 다단계 판매원이 아닌 소비자로 분류돼 법의 보호를 받는다.

그러나 가입을 위해서는 상위 후원 IBO의 회원번호가 반드시 필요하며 후원자가 없을 경우에 고객센터에서 가까운 곳에 사는 기존 회원의 회원번호를 안내하고 있다.

현재 멤버 회원은 모두 4,000여명이 등록하는 등 늘고 있는 추세이며 IBO는 한 주에 8,000명이 가입하는 등 신규회원 가입수는 큰 변화가 없는 것으로 집계됐다.

한편, 하이리빙 등 타 업체에서도 소비형 회원제도 도입을 적극 검토하는 등 새로운 제도에 촉각을 곤두세우고 있다.

/yoon@fnnews.com/윤정남 기자

소비생활 마케팅 각광

생필품 판매전략으로 불황기에도 안정적인 성장세
제이유 네트워크, 업계 1위 기업으로 뛰어 올라

소비생활마케팅 각광

생필품 판매전략으로 불황기에도 안정적인 성장세
제이유네트워크, 업계 1위 기업으로 뛰어 올라

생필품 위주로 제품을 구성해 판매하고 있는 소비생활마케팅이 한국 네트워크마케팅 업계의 새로운 대안으로 급부상하고 있다. 소비생활마케팅은 글자 그대로 소비자들의 일상적인 소비행위가 판매로 직접 연결되는 시스템으로 메이저 업체인 제이유네트워크(대표 정병군)가 2000년 초부터 착수해 2002년 2월부터 제도적으로 정착시킨 새 비즈니스모델이다.

이 소비생활마케팅은 기존 네트워크마케팅의 한계성을 극복하는 불황기의 판매전략으로 제시되고 있을 만큼 새로운 네트워크 문화로 자리잡아 가고 있으며, 수당지급에 있어서도 전통적인 조직구조에 횡적 매출액관리에 의한 공유(公有)마케팅을 추구하고 있어 사업자들의 호응 또한 매우 큰 것으로 알려졌다.

제이유네트워크가 2004년 들어 A사를 제치고 업계 1위로 부상하고 있는 것도 이 소비생활마케팅 때문인 것으로 업계 관계자들은 분석하고 있다.

제이유네트워크는 이를 위해 전국적인 백화점과 마트, 300여개가 넘는 지역별 가맹점과 온라인 쇼핑몰 등을 총동원한 전천후 '토탈 네트워크마케팅(TNM)'을 적극 추진하고 있으며, 이것이 회원들은 물론 일반 소비자들에게도 큰 호응을 얻으면서 매출이 급신장하는 결과를 낳고 있다.

제이유네트워크의 소비생활마케팅은 전국적인 판매망 구축 외에도 신속한 물류시스템을 구축함으로써 전국 회원들이 동일한 시간대에 주문한 제품을 수령할 수 있다는 것이 또 하나의 장점인 것으로 지적됐다.

제이유네트워크에 의해 공유 소비생활마케팅이 새롭게 제시되기 전 국내 네트워크 마케팅 업계가 추진했던 마케팅 기법은 일본식의 '직급마케팅'과 미국식의 '소비재마케팅'이 양대 주류를 이루면서 업체별로 정도의 차이만 있을지언정 이 두 마케팅을 적당히 혼합한 절충형이 가미되어 있는 양상이었다고 전문가들은 지적하고 있다.

일본식의 직급마케팅은 일정 직급을 정해놓고 직급별로 후원수당 지급률을 차등 적용하는 방식이다. 매출실적을 높여 직급 승급에 도전하는 것이 동기부여가 되고 있으나 승급에 필요한 실적 맞추기를 위해 무리한 사재기를 하는 폐단이 지적되어 왔다.

이와 구분해 미국식의 소비재마케팅은 고가의 내구재 상품 대신 재구매가 꾸준히 일어나는 소비재 제품으로 제품 라인업을 구축한 방식이지

만, 회원의 입장에서 보면 소비자들에게 꾸준히 제품을 세일즈를 해야 하는 만큼 고소득 창출이 그리 쉽지 않은 단점이 있다는 것으로 지적된 바 있다.

그러나 제이유네트워크가 적극 추진하고 있는 '소비생활마케팅'은 소비자로서 제품을 소비하는 것만으로도 수당이 발생하는 시스템이 기본구조다. 회원들은 그저 일상생활에 필요한 쌀 라면 김치 등 기초 생필품을 제이유네트워크 제품으로 소비하기만 하면, 이 소비실적이 무한누적 방식에 의해 매출실적으로 환산돼 수당이 지급되는 간단한 원리라는 설명이다.

또한 상품소비와 판매력이 있다면 하위 사업자를 반드시 리쿠르팅하지 않아도 되는 방식이다. 어차피 생존을 위해 누구든지 기초 먹거리가 필요하다면 그것을 타 매장에서 사지 않고 제이유네트워크 매장에서 구매하면 되는 것으로 제이유네트워크에서는 전국 유통망을 통해 기초 먹거리에서부터 첨단 전자제품에 이르기까지 일상생활에 필요한 거의 모든 제품을 구비해놓고 있는 것으로 알려졌다.

▶ 관련기사 3면
김현정기자
ssdr4114@nmtimes.co.kr

생필품 위주로 제품을 구성해 판매하고 있는 소비생활 마케팅이 한국 네트워크 마케팅 업계의 새로운 대안으로 급부상하고 있다. 소비생활 마케팅은 글자 그대로 소비자들의 일상적인 소비행위가 판매로 직접 연결되는 시스템으로 메이저 업체인 제이유 네트워크(대표 정생균)가 2000년 초부터 착수해 2002년 2월부터 제도적으로 정착시킨 새 비즈니스 모델이다.

이 소비생활 마케팅은 기존 네트워크 마케팅의 한계성을 극복하는 불황기의 판매전략으로 제시되고 있을 만큼 새로운 네트워크 문화로 자리잡아 가고 있으며, 수당지급에 있어서도 전통적인 조직구조에 횡적 매출액관리에 의한 공유(公有)마케팅을 추구하고 있어 사업자들의 호응 또한 매우 큰 것으로 알려졌다.

제이유 네트워크가 2004년 들어 A사를 제치고 업계 1위로 부상하고 있는 것도 이 소비생활 마케팅 때문인 것으로 업계 관계자들은 분석하고 있다.

제이유 네트워크는 이를 위해 전국적인 백화점과 마트, 300여개가 넘는 지역별 가맹점과 온라인 쇼핑몰 등을 총동원한 전천후 '토탈 네트워크 마케팅(TNM)'을 적극 추진하고 있으며, 이것이 회원들은 물론 일반 소비자들에게도 큰 호응을 얻으면서 매출이 급신장하는 결과를 낳고 있다.

제이유 네트워크의 소비생활 마케팅은 전국적인 판매망 구축 외에도 신속한 물류 시스템을 구축함으로써 전국 회원들이 동일한 시간대에 주문한 제품을 수령할 수 있다는 것이 또 하나의 장점인 것으로 지적됐다.

제이유 네트워크에 의한 공유 소비생활 마케팅이 새롭게 제시되기 전 국내 네트워크 마케팅 업계가 추진했던 마케팅 기법은 일본식의 '직급 마케팅'과 미국식의 '소비재 마케팅'이 양대 주류를 이루면서 업체별로 정도의 차이만 있을지언정 이 두 마케팅을 적당히 혼합한 절충형이 가미되어 있는 양상이었다고 전문가들은 지적하고 있다.

일본식의 직급 마케팅은 일정 직급을 정해 놓고 직급별로 후원수당 지급률을 차등 적용하는 방식이다. 매출 실적을 높여 직급 승급에 도전하는 것이 동기부여가 되고 있으나 승급에 필요한 실적 맞추기를 위해 무리한 사재기를 하는 폐단이 지적되어 왔다.

이와 구분해 미국식의 소비재 마케팅은 고가의 내구재 상품 대신 재구매가 꾸준히 일어나는 소비재 제품으로 제품 라인업을 구축한 방식이지만, 회원의 입장에서 보면 소비자들에게 꾸준히 세일즈를 해야 하는 만큼 고소득 창출이 그리 쉽지 않은 단점이 있는 것으로 지적된 바 있다.

그러나 제이유 네트워크가 적극 추진하고 있는 '소비생활 마케팅'은 소비자로서 제품을 소비하는 것만으로도 수당이 발생하는 시스템이 기본구조다. 회원들은 그저 일상생활에 필요한 쌀, 라면, 김치 등 기초 생필품을 제이유 네트워크 제품으로 소비하기만 하면, 이 소비 실적이 무한 누적 방식에 의해 매출실적으로 환산돼 수당이 지급되는 간단한 원리라는 설명이다.

또한 상품소비와 판매력만 있다면 하위 사업자를 반드시 리쿠르팅 하지 않아도 되는 방식이다. 어차피 생존을 위해 누구든지 기초 먹거리가 필요하다면 그것을 타 매장에서 사지 않고 제이유 네트워크 매장에서 구매하면 되는 것으로 제이유 네트워크에서는 전국 유통망을 통해 기초 먹거리에서부터 첨단 전자제품에 이르기까지 일상생활에 필요한 거의 모든 제품을 구비해 놓고 있는 것으로 알려졌다.

김현정 기자 ssdr4114@nmtimes.co.kr

업계 최초 공거래 자율준수 선포

제이유 네트워크, 7대 실천항목 프로그램 도입
업계 관련 단체장 및 언론사 대표 등 대거 참석

로 공정거래 자율준수 프로그램을 실시, 관련 업계의 주목을 받고 있다.

공정거래 자율준수 프로그램은 공정거래협회를 통해 기업의 임직원(다단계 판매원 포함)에게 공정거래 관련법규 준수를 위한 명확한 행동기준을 제시, 법 위반을 예방함과 동시에 위반행위 여부를 조기에 발견할 수 있도록 대응책을 마련하고자 하는 준법 시스템. 현재 삼성 등을 비롯한 몇몇 대기업 정

제이유 네트워크(대표이사 정생균)가 네트워크 마케팅 업계 최초

도 수준에서만 실시하고 있는 시스템이다.

프로그램 시행의 일환으로 제이유 네트워크는 지난 25일 서울 신사동에 위치한 본사 대강당에서 주수도 주코그룹 회장 및 임직원, 사업자와 김용 공정거래협회장 등 내외인사 100여명이 참석한 가운데 '공정거래 자율준수선포식'을 개최했다.

이날 선포식에서 정생균 대표이사는 공정거래 자율준수의지를 표명하고, 자율준수관리자에게 임명장 수여를 통해 실천의지를 다졌다.

이에 앞서 임직원 및 사업자 대표는 △공정거래와 소비자보호의 자율적인 실천 △공정한 경쟁환경 조성과 소비자 보호에 솔선수범 △관련법규의 위반에 대해서는 엄중한 제재를 가하는 등의 선언문을 낭독했다.

회사 관계자는 "제이유 네트워크의 자율준수 선포는 정도경영, 투명경영, 국민경영의 기본이념 아래, 전임직원 및 사업자들이 공정거래 관련법규를 철저히 준수하기 위한 일환으로 실시된 것"이라며 "이를 계기로 고객에게 감동을 주는 모범기업으로서 네트워크 유통분야의 초일류 기업이 될 것을 확신한다"고 밝혔다.

한편 제이유 네트워크는 공정거래 자율준수를 위해 최고 경영자의 자율준수의지 표명 등 7대 실천 항목의 자율준수 프로그램을 도입하고 편람을 만들어 사무실에 비치, 회원수첩에 명시하여 임직원, 사업자가 항상 유념하도록 하고 있다.

또한 홈페이지 상에도 '자율준수 프로그램' 페이지를 별도로 마련해 운영하고, 불공정한 사례나 부당한 행위에 대해서는 오프라인과 온라인 모두를 통해 접수를 받아 철저히 조사해 근절시키기로 했다.

제이유 네트워크는 지난 3월 1일부터 업계 최초로 네트워크 회원 등록시 기본 자질을 평가하는 네트워크 사업자 자격시험 제도를 도입한 데 이어 공정거래 자율준수 선포를 함으로써 동종 업계의 모범 역할을 보이고 있다.

이날 격려사에서 주수도 제이유 그룹 회장은 "국내에서는 네트워크 마케팅에 대한 시선이 곱지 않을 뿐더러, 심지어는 피라미드로 오인되고 불법유통의 상징으로 인식되고 있는 상황"이라며 "네트워크 비즈니스가 건전한 산업으로 육성되어 중소기업 · 농어민 등을 살리고 실업자를 구제하는 유통의 한 축이 되기 위해서는 공정거래법률이 지향하는 시장환경 속에서 공정하고 소비자에게 만족을 주는 기업 경영을 해야 한다"고 밝혔다.

그는 이어 "제이유 네트워크는 공정거래관련 제반 법규의 정신을 존중하고 제 규정을 준수할 수 있도록 실질적인 내부 감독체계를 구축할 것"이라고 전했다.

전운 기자 gurmi@mknews.co.kr

'소비 = 판매' 시스템 도입

이 업체를 주목하라 ― 제이유 네트워크

일으키고 있다.

지난 5년간 초고속 성장을 거듭해온 제이유 네트워크는 유통채널의 다변화시대에 발맞춰 무자본·무점포·무자격이라는 네트워크 마케팅의 고정관념을 깨버렸다. 이와 함께 온·오프라인 매장을 함께 운영하는 등 새로운 경영 방식으로 올해 1조 5천억원의 매출을 달성한다는 계획이다.

1999년 설립된 토종 네트워크 마케팅(NM)업체인 '제이유 네트워크', 이 업체는 새로운 드랜드로 떠오르고 있는 '소비생활 마케팅'을 앞세워 현재 월 매출이 1천 700억원에 달하는 등 폭발적인 돌풍을

◇소비생활 마케팅=제이유 네트워크의 성공에는 '소비생활 마케팅'이라는 마케팅 기법이 큰 위치를 차지하고 있다.

제이유 네트워크는 '소비=판매'

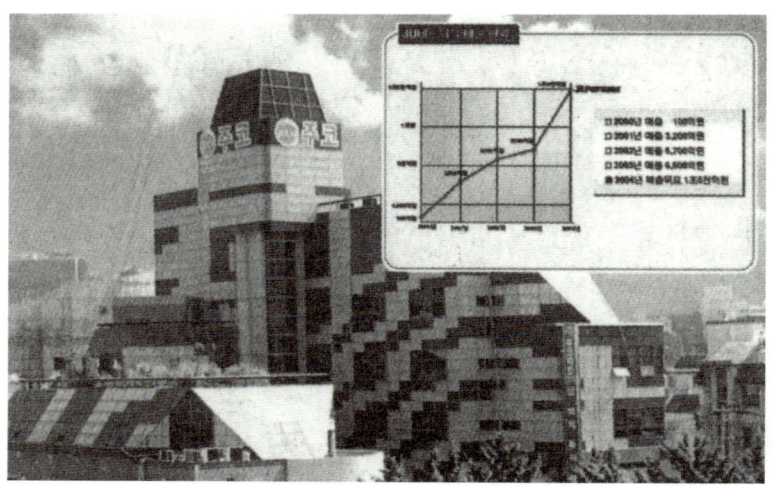

라는 개념을 마케팅에 도입해 회원들이 입고 먹고 쓰는 소비행위가 곧 판매가 되고 이를 통해 회원들에게 수당이 돌아가는 새로운 수익 시스템을 마련했다.

또 회원들 간의 연결방식을 기존의 수직적 네트워크 대신 수평적 네트워크로 구성했다.

수직적 네트워크는 사람을 많이 끌어들여야만 실적이 오른다. 그러나 수평적 네트워크는 하위 판매원과 수평·상위 판매자간의 실적이 서로 공유돼 마름모꼴의 수익구조를 형성한다. 따라서 전 회원들에게 수당이 고르게 분배된다는 것이 회사측의 설명이다.

제이유 네트워크는 이러한 구조를 효율적으로 실현하기 위해서는 매출·경영정보가 철저하게 공개되어야 하고 판매를 극대화 할 수 있는 유통 인프라의 구축, 최소 1만명의 회원, 생필품 위주의 제품 구성 등이 필요하다고 말한다.

이를 위해 2004년 5월 현재 전국 주요도시에 13개 지점, 55개 센터, 8개의 백화점 및 마트 300여개의 가맹점(의류, 한식, 사우나, 미용실 등)으로 구성된 온·오프라인 유통망을 구축했다.

또 기초 먹거리를 비롯, 첨단전자제품에 이르기까지 수천 종에 달하는 제품들을 구비하고 언제 어디서든 상품 구입과 PV 누적을 할 수 있는 시스템을 마련해 회원들의 수익성을 극대화 시키고 있다.

◇**투명한 경영 공개**=제이유 네트워크는 '열린 경영'과 '투명 경영'을 추구하고 있다.

매일 오전 8시 40분부터 본점을 중심으로 전국 지점 및 센터를 무궁화3호 인공위성을 통한 화상 네트워크로 연결해 운영회의를 전국에 생중계하고 있다.

주요 회의 내용으로는 전국 지점 센터별 매출액 발표, 각종 공지사항 안내, 전국 지점 및 센터소식 고지 등 경영의 모든 부분을 다룬다.

또 전일 입수된 건의함 내용을 가감 없이 소개하고, 그에 대한 회사 측의 대응을 경영진 또는 관련부서 임원 및 팀장이 담당하고 있다.

운영회의 참석자는 본사 경영진, 임원 및 팀장급 고위 실무관리자 20여명, 본점 운영위원회 위원장 및 위원 70여명과 전국 70여개 지점·센터의 운영위원 등 1천여명이다. 또 각 사업장과 가맹점 등에서 일반회원들도 화상 운영회의를 참관하고 있다.

매일 평균 1시간 정도 열리는 운영회의를 통해 전국의 사업자들에게 회사운영에 관련된 모든 사항들(건의, 개선, 정보제공, 고충처리 등)에 대해 알리고 있는 것이다.

이는 회원들 스스로가 조직에 대한 자신의 기여도와 그로 인해 발생하는 이익의 규모를 산정할 수 있게 하기 위한 것이다. 이를 통해 신뢰경영을 추구한다는 게 제이유 네트워크의 우선 목표다.

◇ **이익의 사회 환원**=제이유 네트워크는 그룹차원에서 사회·문화·장학 사업을 추진키 위해 장학재단을 설립하고 다양한 사업을 진행할 예정이다.

현재 구체적인 사업으로는 학자금지원, 노인대학교, 직업학교 지원, 청소년 문화후원, 각종 재해지원사업 등이 적극 검토되고 있다.

제이유 네트워크는 현재 전국에서 535개교와 자매결연을 추진하고 있으며 이를 통해 전국적으로 2만명의 우수한 고교생들에 장학 혜택을 제공하는 등 선두업체로서의 위상을 새롭게 다져나간다는 계획이다.

안승현 기자 zlrokool@jed.co.kr

토종 '네트워크 마케팅' 유통 선도

JU그룹 주수도 회장

주수도 JU그룹 회장(48)은 '오 뚝이'에 비유할 만하다. 실패를 두려워하지 않을 뿐 아니라 설사 실패하더라도 쉽게 좌절하지 않는다. 창업 4년 5개월만에 국내 최대의 '토종' 네트워크 마케팅 회사를 일군 것도 그였기에 가능했다는 게 업계의 평가다. 14개 계열사 중 모기업 제이유 네트워크는 지난해 경기불황에서도 6천5백억원의 매출

을 올렸다. 2002년보다 120% 증가한 것이다. 올들어서는 4월말 현재 매출이 6천억원을 넘었다.

주 회장은 1956년 울산 앞바다 조개섬에서 태어나 지독하게 가난한 유년 시절을 보냈다. 초등학교는 매일 20리(8km)를 걸어다녀야 했다. 고교는 집안 형편이 어려워 독학했다. 대입 검정고시를 거쳐 미국으로 건너가 아르바이트로 미국 컬럼비아 퍼시픽대학 영문과를 어렵사리 졸업했다.

주 회장은 70년대 후반 서울 학원가에서 영어강사로 명성을 얻으면서 인생의 전환점을 맞았다. 83

주수도회장 약력
▶1956년 울산 출생
▶75년 대입 검정고시 합격
▶86년 미국 컬럼비아 퍼시픽대 영문학
▶82년 도서출판 영재학당 대표
▶83~98년 입시학원 영재학원 대표
▶87년 신민주공화당 광남지구당 위원장
▶96~97년 (주)일영씨엔씨 대표이사
▶99년~현재 JU그룹 회장
▶2004년 중앙대 행정대학원 겸임교수

년엔 스스로 영재학원을 차려 경영 능력도 인정받았다.

그러나 30대 초반인 87년 무렵 불운이 찾아왔다. 당시 정치활동을 재개한 김종필 총재와 인연이 닿아 정치에 입문했다가 전재산을 잃고 말았다. 92년 재기의 발판으로 건설회사를 인수했지만 믿는 사람에게 속아 두 번째 실패를 맛봤다. 96년엔 컴퓨터 관련 네트워크 마케팅 사업을 시작했다가 경험 부족으로 1년 6개월만에 무너졌다.

그는 "힘들 때마다 주저앉고 싶었지만 좌절하지는 않았다"고 말했다. 실패에 분노하기보다 그대로 받아들이고 그 원인을 분석해 다시 도전할 때 성공의 발판으로 삼았다. 3전 4기의 인생은 녹록지 않았던 것이다.

"다단계 판매를 '피라미드'로 오인, 불법 유통의 상징으로 인식되고 있는 게 사실입니다. 하지만 해외에서는 경기불황과 실업란을 극복하는 미래형 유통산업으로 각광받고 있습니다. 네트워크 마케팅은 거스를 수 없는 대세입니다. 외국의 유명 다국적 기업이 한국에 진출, 성공한 것도 이 때문입니다."

주 회장은 그러나 "기존의 네트워크 마케팅에는 구조적인 문제가 있다"고 지적했다. 성공하는 사람이 극소수인 0.01%에 불과하기 때문에 밖에서 볼 때 자칫 한탕주의로 비쳐질 수 있다는 것이다.

그는 '조직=판매' 마케팅이 아닌 '소비=판매'라는 신개념 마케팅 기법을 처음으로 개발, 이같은 문제를 보완했다. 수익분포도를 극소수에게만 이익이 돌아가는 피라미드 구조가 아닌 20~30% 정도는 성공할 수 있는 마름모 구조로 바꿨다.

주 회장은 또 판매하는 제품은 모

두 생필품으로 정했다. 현금화(판매)가 어려운 특화된 제품을 취급하는 것이 피해자를 양산하는 원인으로 판단했기 때문이다.

"〈사람 장사〉가 아니라 소비생활 마케팅, 생활 속의 비즈니스로 발전해야 네트워크 마케팅이 성공할 수 있다고 믿었습니다."

제이유 네트워크는 고가의 제품보다 쌀, 휴지, 세제, 라면 등 일상생활에 반드시 필요한 800여종을 네트워크 마케팅 시스템을 통해 공급하고 있다. 특히 무점포 판매방식만을 고집하지 않고 오프라인 매장도 갖췄다. 백화점과 마트 13개, 가맹점 450여개, 온라인 쇼핑몰 2개 등으로 전국 판매망을 통해 팔고 있다

그는 "앞으로 무형의 서비스 상품도 적극 개발하겠다"고 말했다. 최근 인수한 한샘 닷컴을 통해 교육방송 콘텐츠를 공급하고 있기도 하다.

"여러 유통단계를 거치지 않기 때문에 값이 쌉니다. 품질도 결코 뒤지지 않는다고 자신합니다. 일상생활에서 늘 쓰는 제품을 사용하다 보면 실적이 쌓이고 수당이 지급됩니다. 500여 중소기업의 판로를 개척하고 농어민을 살리는 데 일조하고 있다고 자부합니다."

주 회장은 자신의 성공비결에 대해 소신을 갖고 5가지 경영철학을 실천하기 때문이라고 소개했다. 부채없는 경영이 첫째다. 또 사업을 무리하게 확장하지 않고 번 만큼 투자하거나 기업 오너가 친인척을 마구 경영에 끌어들이는 족벌경영을 하지 않는다는 것도 그의 원칙이다.

실제로 JU그룹의 14개 계열사에는 그의 친인척이 한 사람도 없다. 모든 것을 공개하는 투명경영과 탈세·변칙이 없는 정도경영도 주 회장이 강조하는 경영철학이다.

"올해는 제이유 네트워크의 역사에 기록될 만한 해가 될 것입니다. 다국적 기업이 한국에 들어와 외화를 벌어가는 데 우리가 외국에 나가서 성공하지 말라는 법이 있습니까." 그는 특히 "일본의 네트워크 마케팅 업체들이 견학할 정도로 경쟁력이 있기 때문에 성공할 가능성이 충분하다"고 자신했다.

주 회장은 상반기 중에 일본과 중국에 현지법인을 설립, 해외 진출의 기초를 하나하나 다질 계획이다.

글 정유미 · 사진 남호진 기자
youme@kyunghy

생필품 온·오프라인 판매

올해 1조 5천억 매출 목표

JU그룹?

1999년 설립된 JU그룹은 자회사가 14개에 이른다. JU네트워크를 모기업으로 JU백화점, JU택배 등 시너지 효과를 높이기 위한 네트워크 마케팅 관련 회사가 대부분이다. JU그룹은 생활필수품 중심의 소비형 생활 마케팅 그룹이다. 온라인과 오프라인이 통합된 ‘토털 네트워크 마케팅(TNM)’ 전략을 내세우고 있다.

설립 다음해인 2000년 1백억원의 매출을 올렸다. 2001년 3천 2백억원, 2002년 5천 7백억원에 이어 지난해엔 6천 5백억원의 매출을 기록했다. 올해 목표는 1조 5천억원이다.

JU그룹은 최근 온라인 교육 콘텐츠업체인 한샘 닷컴을 인수하는가 하면 방판 전문업체인 휴먼셀코리아를 설립했다. 지난 4월

엔 제조사인 넵클러스트를 인수했다. 주 회장은 무리하게 사업을 확장하는 게 아니냐는 항간의 지적에 대해 "빛을 내지도 않았고 가용자금의 10~20%를 투자했을 뿐"이라고 말했다.

주 회장은 또 "대부분의 네트워크 마케팅이 조직을 기반으로 제품을 공급하고 결제하며 수당을 지급하지만 JU는 조직을 무리하게 확장할 필요가 없다는 게 다르다"고 강조했다. 남에게 물건을 팔 필요 없이 머리에서 발끝까지 자신이 생활에 필요한 제품만 소비해도 수당을 받을 수 있다는 것이다.

기존의 네트워크 마케팅 업체는 무점포 · 무대리점 방식을 고집하지만 제이유 네트워크는 다르다. 온 · 오프라인 통합 마케팅으로 대구프라자, 서울 강남 신사마트, 제주마트, JU백화점은 물론 가맹점에서 생필품을 사거나 서비스를 받아도 포인트가 적립된다.

주 회장은 "옷가게 · 한식당 · 카페 · 사우나 · 미용실 · 사진관을 이용할 때마다 포인트를 적립, 직급별로 개인 실적과 전체 매출 실적을 분석한 뒤 수당을 지급하는 과학적인 마케팅 관리 시스템을 쓰고 있다"고 설명했다. 그는 품질과 가격 면에서도 타사의 제품보다 낫다는 자신감을 갖고 있다. 그는 같은 품질의 제품이 다른 곳보다 5% 이상 비싸면 1천만원을 주겠다고 '공언' 할 정도다.

주 회장의 사무실 테이블 위에는 항상 책과 자료가 쌓여 있다. 그는 아침 8시에 출근, 새벽 1시에 퇴근하는 일중독자로 소문나 있다. 하루 5시간 이상 잠을 자본 적이 거의 없다.

"일에 미쳐 살다 보니 마음 터놓고 지내는 친구가 거의 없지만 80년대 학원가에서 만난 서한샘 씨와는 20년 가까이 친분을 나누고 있습니다."

주 회장은 2006년 1월 1일 전재산을 사회에 헌납해 복지재단을 설립할 방침이다. 노벨이나 록펠러와 같은 기업인처럼 사람은 죽었어도 이름과 정신이 영원히 남는 재단을 만들겠다고 다짐했다. 그는 기자에게 약속을 지키는지 끝까지 지켜봐 달라는 말을 잊지 않았다.

정유미 기자 youme@kyunghy

제이유 '마케팅 파이오니어' 수상

마케팅과학회 학술대회

제이유 '마케팅 파이오니어' 수상

마케팅과학회 학술대회

제이유네트워크는 최근 서울 중앙대학교에서 개최된 '2004 한국마케팅과학회 춘계학술논문 발표대회'에서 우수 마케팅 추진 업체에 수여하는 '마케팅 파이오니어'상을 수상했다.

전국 주요대학 120여명의 마케팅 담당교수들이 참여한 이번 학술대회에서 시상업체로 선정한 기업은 제이유네트워크 및 무학 등 2개사다.

선정은 한국마케팅과학회 소속 5명의 심사위원들이 4월부터 심사에 들어가 기업에 대한 실사과정을 거쳐 최종 결정했다.

이날 심사위원들은 "제이유네트워크가 '소비생활 공유마케팅'이라는 신경영기법을 개발해 한국 네트워크마케팅 산업의 발전 방향을 새롭게 제시해 왔으며 완전한 투명·공개경영시스템을 통해 소비자보호에 만전을 기하고 있는 모범적인 업체"라고 선정이

◇정생균(왼쪽) 제이유네트워크 사장이 마케팅 파이오니어 상을 수상해 변명식 한국마케팅과학회장으로부터 트로피를 전달받고 있다.

유를 설명했다.

정생균 제이유네트워크 사장은 "이번 수상을 계기로 네트워크마케팅 발전에 더욱 최선을 다함으로써 시장경제 활성화를 통한 국가경제 발전에 기여하겠다"고 말했다.

안승현기자 zirokool@ jed.co.kr

제이유 네트워크는 최근 서울 중앙대학교에서 개최된 '2004한국 마케팅과학회 춘계학술논문발표대회'에서 우수 마케팅 추진업체에 수여하는 '마케팅 파이오니어' 상을 수상했다.

전국 주요대학 120여명의 마케팅 담당교수들이 참여한 이번 학술대회에서 시상업체로 선정한 기업은 제이유 네트워크 및 무학 등 2개사다.

선정은 한국 마케팅과학회 소속 5명의 심사위원들이 4월부터 심사에 들어가 기업에 대한 실사과정을 거쳐 최종 결정했다.

이날 심사위원들은 "제이유 네트워크가 '소비생활 공유 마케팅'이라는 신경영기법을 개발해 한국 네트워크 마케팅 산업의 발전 방향을 새롭게 제시해 왔으며 완전한 투명·공개경영 시스템을 통해 소비자 보호에 만전을 기하고 있는 모범적인 업체"라고 선정이유를 설명했다.

정생균 제이유 네트워크 사장은 "이번 수상을 계기로 네트워크 마케팅 발전에 더욱 최선을 다함으로써 시장경제 활성화를 통한 국가경제 발전에 기여하겠다"고 말했다.

안승현 기자 zirokool@jed.co.kr

'요람~무덤' 생활 동반자

네트워크 마케팅 제이유 네트워크

'요람~무덤' 생활 동반자

네트워크마케팅 제이유네트워크

지난 1999년 문을 연 제이유네트워크는 네트워크 마케팅업계 최정상에 오른 토종기업의 대표주자다. 제이유네트워크가 불황무풍 기업으로 부러움을 사고 있는 것은 독창적인 마케팅 기법을 갖고 있기 때문이다. 지난 2002년 기존 네트워크 마케팅의 한계성을 극복하기 위해 개발한 '소비생활 공유마케팅' 기법이 바로 제이유네트워크를 성공으로 이끈 원동력이었던 셈이다.

일반식품, 건강식품, 화장품, 가전제품 등의 생필품 판매뿐 아니라 서비스업소와의 공동마케팅도 전개하고 있다. 동네 골목마다 들어선 식당이나 미용실, 헬스클럽, 목욕탕, 여행사, 장의사 등이 모두 제이유네트워크와 업무제휴를 맺고 있다.

이 같은 생활밀착형 마케팅은 소비자에게 크게 어필했고 네트워크 마케팅업계의 판도를 단숨에 바꾸는 힘을

미용실부터 장의사까지 제휴

발휘했다.

제이유네트워크는 마케팅 성공에 힘입어 매출도 가파른 상승세를 타고 있다. 제이유네트워크는 창립 4년째인 지난해 6500억원의 매출을 올렸다. 올해에는 1~2월 두 달간 3000억원의 매출로 업계 선두자리를 차지했다.

주수도 회장은 "이 같은 추세라며 연말쯤 1조5000억원 달성도 어렵지 않다"는 말로 자신감을 내비쳤다.

제이유네트워크는 소비자 보호를 위해 정도경영, 나눔경영에도 남다른 관심을 쏟고 있다.

지난 1999년 문을 연 제이유네트워크는 마케팅업계 최정상에 오른 토종기업의 대표주자다. 제이유네트워크가 불황무풍 기업으로 부러움을 사고 있는 것은 독창적인 마케팅 기법을 갖고 있기 때문이다.

지난 2002년 기존 네트워크 마케팅의 한계성을 극복하기 위해 개발한 '소비생활 공유 마케팅' 기법이 바로 제이유 네트워크를 성공으로 이끈

원동력이었던 셈이다.

일반식품, 건강식품, 화장품, 가전제품 등의 생필품 판매뿐 아니라 서비스업소와의 공동마케팅도 전개하고 있다. 동네 골목마다 들어선 식당이나 미용실, 헬스클럽, 목욕탕, 여행사, 장의사 등이 모두 제이유 네트워크와 업무제휴를 맺고 있다.

이 같은 생활밀착형 마케팅은 소비자에게 크게 어필했고 네트워크 마케팅업계의 판도를 단숨에 바꾸는 힘을 발휘했다.

제이유 네트워크는 마케팅 성공에 힘입어 매출도 가파른 상승세를 타고 있다. 제이유 네트워크는 창립 4년째인 지난해 6500억원의 매출을 올렸다. 올해에는 1~2월 두 달간 3000억원의 매출로 업계 선두자리를 차지했다.

주수도 회장은 "이 같은 추세라면 연말쯤 1조 5000억원 달성도 어렵지 않다"는 말로 자신감을 내비쳤다.

제이유 네트워크는 소비자 보호를 위해 정도경영, 나눔경영에도 남다른 관심을 쏟고 있다.

"학원교육과 네트워크 마케팅이 서로 만났습니다"

인터뷰 국내 최초 위성 학원강의 시작하는 서한샘 한샘닷컴 회장

인터뷰 국내 최초 위성 학원강의 시작하는 **서한샘** 한샘닷컴 회장

"학원교육과 네트워크마케팅이 서로 만났습니다"

한샘닷컴·한샘학원의 서한샘 회장이 위성방송 전용 스튜디오에서 1월부터 국내 최초로 전국 한샘학원에서 실시 예정인 위성 교육강의 구술심층면접 특강에 대해 설명하고 있다.

학원가 명강사로 한 시절을 풍미했던 서한샘(60) 한샘닷컴 회장이 다시 강단으로 돌아왔다. 지난해 9월 제이유 네트워크가 한샘닷컴·한샘학원과 제휴를 통해 업계 최초로 학원교육상품을 네트워크 마케팅에 접목해 1월 1일부터 전용 위성채널을 통한 온라인 강의를 시작할 예정이다.

그의 머리에는 벌써 희끗희끗한 흰머리가 늘었지만 그의 인심과 우렁찬 목소리는 예전의 모습 그대로다. 더구나 이번 강의는 오프라인 강단이 아닌 전국 학원에 위성으로 방영되는 온라인 강의라서 업계에서는 더큰 관심을 보내고 있다. 학원에서 공중파를 이용한 교육방송이 등장한 지는 오래됐지만 전용 위성채널을 통한 학원 강의는 그를 비롯한 한샘학원 강사들에 의해 처음으로 선보이기 때문이다. 강의를 받아줄 제이유네트워크 회원 자녀들의 수만도 어림잡아 최소한 2만명을 넘을 것으로 알려졌다.

서울 압구정동의 제이유그룹 빌딩 근처에 마련한 한샘·제이유 위성방송 전용 스튜디오에서 위성강의 준비에 여념이 없는 서 회장을 직접 만나보았다.

– 국내 첫 시도인 만큼 업계의 관심이 큽니다. 이번 위성방송 강의의 수익모델도 독특할 듯한데요.

"위성방송을 수신할 수 있는 전용 셋톱박스가 전국의 한샘학원과 제이유네트워크 지사에 설치되어 있습니다. 월 2회씩 제공되는 언어구술논문 전문 학술지인 '한샘 이루마'로 매월 위성강의를 들으면 됩니다. 학원 교육을 네트워크마케팅과 접목했다는 것도 업계에서는 혁신적인 시도로 받아들여지고 있습니다. 제이유네트워크의 사업자와 위성강의의 전용 학습지인 '한샘 이루마'를 사용할 경우, 자녀들에게 학원강의를 들려주면서도 수입을 얻을 수 있다는 장점이 있습니다. 또 별도로 오프라인 학원을 이용하는 경우도 회원 자녀에 한해 학원비의 10%를 실적으로 적립됩니다."

– 위성방송 강의는 어떤 분야에 초점을 맞추실 예정입니까?

"내년은 7차 교육과정의 새로운 대학입시제도가 실시되는 첫 해입니다. 수능에서 인문계는 과학 시험을 치르지만 논술 입시방법 자체가 크게 달라져 공통과목인 언어영역의 중요성이 더욱 커지고 있습니다. 더구나 수능시험의 분야별 만점자는 수리영역의 경우 7,000명 이상이지만 언어분야의 만점자는 고작 6명 이내입니다. 언어영역의 중요성이 갈수록 커지고 있어 수준 높은 강의는 필수입니다. 또한 서울대를 시작으로 지역공동선발제가 확산될 경우 지방학교에서도 질 높은 강의에 대한 수요가 급증할 것입니다. 제이유네트워크의 입장에서는 교육 아이템까지 추가됐다는 점에서 더 큰 의의를 찾을 수 있습니다."

– 위성교육을 통해 지역 학생들의 교육의 질을 높이기 위한 또다른 방법이 있습니까?

"여름부터 수시 1학기 고사가 시작됩니다. 수시고사는 언어영역의 심층면접과 논술이 핵심인데, 월 1~2학기 고사를 통해 대학들이 입학학원의 50%를 미리 선발하기 때문에 학교 차원에서 대책이 시급합니다. 하지만 지역 학교의 경우는 이를 담당할 교사들이 거의 전무한 실정입니다. 읍단위 학교에서 요청할 경우에는 무료로 위성 안테나를 설치해 구술면접과 심층면접에 대비할 수 있도록 하겠습니다. 전용 위성채널과 전국 한샘학원 인터넷(www.2ruma.com)을 연결해 원어민 영어교육 프로그램도 실시할 예정이어서 호응이 클 것으로 예상됩니다. '전공 본고사'에서 마지막 승부를 거는 일이니만큼 개인적으로도 최선을 다할 예정입니다. 기대를 갖고 지켜봐 주시기 바랍니다. ⓔ"

한샘현 기자 hanh@joongang.co.kr

비롯한 한샘학원 강사들에 의해 처음으로 선보이기 때문이다. 강의를 받게 될 제이유 네트워크 회원 자녀들의 수만도 어림잡아 최소한 2만명을 넘을 것으로 알려졌다.

서울 압구정동의 제이유 그룹 빌딩 근처에 마련된 한샘·제이유 위성방송 전용 스튜디오에서 위성 강의 준비에 여념이 없는 서 회장을 직접 만나보았다.

그의 머리에는 벌써 희끗희끗한 흰머리가 늘었지만 그의 입심과 우렁찬 목소리는 예전의 모습 그대로다. 더구나 이번 강의는 오프라인 강단이 아닌 전국 학원에 위성으로 방영되는 온라인 강의라서 업계에서는 더 큰 관심을 보내고 있다. 국내에서 공중파를 이용한 교육방송이 등장한지는 오래됐지만 전용 위성채널을 통한 학원 강의는 그를

－ 국내 첫 시도인 만큼 업계의 관심이 큽니다. 이번 위성방송 강의의 수익모델도 독특할 듯한데요.

"위성방송을 수신할 수 있는 전용 셋톱박스가 전국의 한샘학원과 제이유 네트워크 지사에 설치되어 있습니다. 월2회씩 제공되는 언어 구술논문 전문 학습지인 '한샘 이루마' 로 매일 위성 강의를 들으면 됩니다. 학원 교육을 네트워크 마

케팅과 접목했다는 것도 업계에서는 혁신적인 시도로 받아들여지고 있습니다. 제니유 네트워크의 사업자의 자녀들이 위성강의 전용학습지인 '한샘 이루마'를 사용할 경우, 자녀들에게 학원강의를 들려주면서도 수입을 얻을 수 있다는 장점이 있습니다. 또 별도로 오프라인 한샘학원을 이용하는 경우도 회원 자녀에 한 해 학원비의 10%를 실적으로 적립해 드립니다."

– 위성방송 강의는 어떤 분야에 초점을 맞추실 예정입니까?

"내년은 7차 교육과정에 의한 새로운 대학입시제도가 실시되는 첫 해입니다. 수능에서 인문계는 과학시험을 치르지 않는 등 입시방법 자체가 크게 달라져 공통 과목인 언어영역의 중요성이 더욱 커지고 있습니다. 더구나 수능시험의 분야별 만점자는 수리영역의 경우 7,000명 이상이지만 언어분야의 만점자는 고작 6명 이내입니다. 언어영역의 중요성이 갈수록 커지고 있어 수준 높은 강의는 필수입니다.

또한 서울대를 시작으로 지역균등선발제가 확산될 경우 지방학교에서도 질 높은 강의에 대한 수요가 급증할 것입니다. 제이유 네트워크의 입장에서는 교육 아이템까지 추가했다는 점에서 더 큰 의의를 찾을 수 있습니다.

– 위성교육을 통해 지역 학생들의 교육의 질을 높이기 위한 또 다른 방법이 있습니까.

"여름부터 수시 1학기 고사가 시작됩니다. 수시고사는 언어영역인 심층면접과 논술이 핵심인데, 수시 1~2학기 고사를 통해 대학들이 입학정원의 50%를 미리 선발하기 때문에 학교 차원에서도 대책이 시급합니다. 하지만 지역 학교의 경우는 이를 담당할 교사들이 거의 전무한 실정입니다. 읍단위 학교에서 요청할 경우에는 무료로 위성 안테나를 설치해 구술면접과 심층면접에 대비할 수 있도록 하겠습니다. 전용 위성채널과 전국 한샘학원, 인터넷(www.2ruma.com)을 연결해 원어민 영어교육 프로그램도 실시할 예정이어서 호응이 클 것으로 예상됩니다. '전공' 분야에서 마지막 승부를 거는 일이니 만큼 개인적으로도 최선을 다할 예정입니다. 기대를 갖고 지켜봐 주시기 바랍니다."

한정현 기자 hanjh@joongang.co.kr

우수 중소기업 제품
개발 · 판로확장에 진력

200개사와 제휴…유망 중소기업 적극 지원

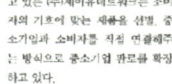

우리 기업본 I (주)제이유네트워크그

우수 중소기업제품 개발·판로확장에 진력
200개사와 제휴 … 유망중소기업 적극 지원

현 재 70여 식품회사, 50여 생활용품회사 그리고 70여 화장품·가전·의류회사와 제휴를 맺고 있는 (주)제이유네트워크는 소비자의 기호에 맞는 제품을 선별, 중소기업과 소비자를 직접 연결해주는 방식으로 중소기업 판로를 확장하고 있다.

음전파레이 오뚜기 뱅그레 월동계약 등과 제휴하고 있는 제이유네트워크는 최근 들어 급식장과 함께 중량급 회사들이 잇따라 노크하고 있다는 게 회사측의 설명이다.

특히 제약회사와의 교류에 비중을 두고 있는 이 회사는 향후 건강식품시장에서도 큰 자리매김을 하겠다는 포석이다. 따라서 제조사의 기술개조 제조시설의 안정성에 주목하는 한편 관리를 더욱 강화하고 있다. 또한 특화된 가전제품을 발굴하는 등 이를 집중 공략한다는 방침이다.

제이유네트워크가 부게를 두고 있는 것은 무엇보다 중소기업과의 제휴에 앞서 엄격한 제품선별 및 고객만족이다. 사줄에서 판매되고 있는 제품과 혐저히 비교, 상대적 우위를 지닌 차별화된 제품만을 취급하는 것이 그 것이다. 가급적 같은 제품을 취급하지 않는 것 또한 이 회사의 선별기준. 이 회사는 나가가 제일신 불스코로를 통해 유망 중소·벤처기업에 대한 지원도 아끼지 않고 있다.

이런 중소 제조기업과의 윈윈을 제휴에 대해 사업자들 역시 긍정적인 평가를 내리고 있다는 기 호사측의 설명이다.

질 좋은 제품을 좋은 가격에 만나볼 수 있는 것은 물론 다양한 제품을 만나볼 수 있으므로 일반소비자들이 제이유네트워크 사업에 대한 신뢰도를 높이는 계기를 마련할 수 있다는 것.

제이유네트워크는 이러한 점에서 고객만이 제휴사업을 확장 발전시켜 나가는 한편 상품개발팀을 비인 새로운 개발로 경쟁력을 두고 가격 면에서 시장 경쟁력을 갖추어 나간다는 방침이다.

이를 중심으로 제이유네트워크 담당자는 고객 사후관리의 관련, "본사에서 품질관리법을 운영, 고객들에게 직접 관리사업 과 제품에 대한 확신과 자신감을 갖고 고객에게 다가가고 있다"고 강조했다. 이를 위해 중소기업 육성사업을 들인다음, 업계에서는 먼저 입지 진입과 브랜드화 페어만 지원, 중소기업 육성을 통한 판매 지원이라는 면서 엄청되는 랜드화, 인식제고야말로 수많은 중소기업을 위한 일이라는 설명이다.

현재 70여 식품회사, 50여 생활용품회사 그리고 70여 화장품·가전·의류회사와 제휴를 맺고 있는 (주)제이유 네트워크는 소비자의 기호에 맞는 제품을 선별, 중소기업과 소비자를 직접 연결해 주는 방식으로 중소기업 판로를 확장하고 있다.

웅진코웨이, 오뚜기, 빙그레, 광동제약 등과 제휴하고 있는 제이유 네트워크는 최근 들어 급성장과 함께 중량급 회사들이 잇따라 노크하고 있다는 게 회사측의 설명이다.

특히 제약회사와의 교류에 비중을 두고 있는 이 회사는 향후 건강식품 시장에서도 큰 자리매김을 하겠다는 포석이다. 따라서 제조사의 기술력과 제조시설의 안정성에 주목하는 한편 관리를 더욱 강화하고 있다. 또한 특화된 가전제품을 발굴하는 등 이를 집중 공략한다는 방침이다.

제이유 네트워크가 무게를 두고 있는 것은 무엇보다 중소기업과의 제휴에 앞서 엄격한 제품선별 및 고객만족이다. 시중에 판매되고 있는 제품과 철저히 비교, 상대적 우위를 지닌 차별화된 제품만을 취급하는 것이 그것이다. 가급적 같은 제품을 취급하지 않는 것 또한 이 회사의 선별기준, 이 회사는 나아가 계열사인 불스 코스를 통해 유망 중소·벤처기업에 대한 지원도 아끼지 않고 있다.

이 같은 중소제조기업과의 폭넓은 제휴에 대해 사업자들 역시 긍정적인 평가를 내리고 있다는 게 회사측의 설명이다.

질 좋은 제품을 좋은 가격에 만나볼 수 있는 것은 물론 다양한 제품을 만나볼 수 있으므로 일반 소비자들에게도 네트워크 마케팅 사업에 대한 관심도를 높이는 계기를 마련할 수 있다는 것.

제이유 네트워크는 이 같은 점에서 그룹차원에서의 제휴사업을 확장 발전시켜 나가는 한편 상품개발팀의 지속적인 시장개발을 통해 중소기업과 함께 시장경쟁력을 갖추어 나간다는 방침이다.

이 회사 유승철 이사(홍보담당)는 고객 사후관리와 관련, "본사에서 품질관리팀을 운영, 고객들에게 직접 제품상담을 하고 있다"며 "제품에 대한 확신과 자신감을 갖고 고객에게 다가가고 있다"고 강조했다.

그는 또 "업계가 중소기업 육성에 일익을 담당하기 위해서는 먼저 업계 전체가 브랜드화 돼야만 제휴업체 또한 자연스럽게 판로가 개척된다"면서 "업계의 브랜드화, 인식제고야말로 수많은 중소기업을 살리는 길"이라고 덧붙였다.

온라인 경영방식 적극 도입

전국 사업자간 화상회의 · 인터넷 업무보고 등

전국 사업자간 화상회의·인터넷 업무보고등

온라인 경영방식 적극 도입

네트워크마케팅 기업의 최고경영자(CEO)들이 온라인 커뮤니케이션을 경영에 적극 활용하고 있다.

11일 관련업계에 따르면 국내 선두를 달리고 있는 네트워크마케팅 업체 사장들은 화상회의나 인터넷을 통한 업무 보고, 직원들과의 대화 등을 적극 활용해 속도감 있는 경영을 펼치고 있다.

제이유네트워크 주수도 회장은 매일 오전 8시 30분에 전국의 지점을 무궁화 위성으로 연결하는 화상회의를 열고 있다.

최고 경영진이 모두 참석하는 이 회의에서는 각 지역으로부터 업무 보고를 받거나 경영방침, 공지사항 전달 등이 진행되며 사업자들과 경영현안에 대한 질의응답이 실시간으로 이뤄진다.

이를 위해 제이유네트워크는 2001년부터 무궁화 위성의 채널을 임대했으며 화상회의를 통한 경쟁력 강화와 경영진과 사업자간에 신뢰감 구축 등에 큰 효과를 보고 있다고 설명했다.

한국암웨이 박세준 사장은 인터넷 홈페이지를 통해 경영설명회와 주요 현안에 대한 설명 등 다양한 커뮤니케이션을 진행하고 있다.

사내에서 일어나는 결재업무를 전자결재 시스템이나 e메일을 통해 처리할 경우 신속한 업무처리가 가능하고 투명경영의 효과도 얻을 수 있기 때문이다.

하이리빙 백승혁 사장은 온라인 통신망을 통해 본사와 전국 지점, 콜센터를 연결하는 경영에 집중하고 있다.

이를 위해 하이리빙은 전국 사업장을 연결하는 통신망 등의 관련 설비를 구축해 운용하고 있다.

하이리빙은 임직원과 전국 사업자를 상대로 사업영역을 소개하고 회원 상호간 커뮤니케이션 활성화를 유도하고 있다고 설명했다.

앤트웰의 황용석 사장은 인터넷 방송을 경영정책이나 내부소식, 업계뉴스, 신상품 정보 등 각종 현안에 대해 설명하는 시간을 가지고 있다. 또 특별한 행사나 전달 사항에 대해서는 생중계를 통해 신속한 전달을 하고 있다.

이를 위해 전국 인트라넷을 구축하는 등 온라인 인프라 확충을 위해 많은 투자를 했다고 회사 측은 설명했다.

업계 관계자는 "네트워크마케팅 업계의 특성상 전국의 사업자들과 경영진들간에 신뢰감 구축이 중요하다"며 "발전된 인터넷 기술에 힘입어 많은 업체들이 온라인 경영을 도입하고 있다"고 말했다.

안승현기자 zirokool@ jed.co.kr

네트워크 마케팅 기업의 최고경영자(CEO)들이 온라인 커뮤니케이션을 경영에 적극 활용하고 있다.

11일 관련업계에 따르면 국내 선두를 달리고 있는 네트워크 마케팅 업체 사장들은 화상회의나 인터넷을 통한 업무보고, 직원들과의 대화 등을 적극 활용해 속도감 있는 경영을 펼치고 있다.

제이유 네트워크 주수도 회장은 매일 오전 8시 30분에 전국의 지점을 무궁화 위성으로 연결하는 화상회의를 열고 있다.

최고 경영진이 모두 참석하는 이 회의에서는 각 지역으로부터 업무보고를 받거나 경영방침, 공지사항 전달 등이 진행되며 사업자들과 경영현안에 대한 질의응답을 실시간으로 이뤄진다.

이를 위해 제이유 네트워크는 2001년부터 무궁화 위성의 채널을 임대했으며 화상회의를 통한 경쟁력 강화와 경영진과 사업자간에 신뢰감 구축 등에 큰 효과를 보고 있다고 설명했다.

한국암웨이 박세준 사장은 인터넷 홈페이지를 통해 경영설명회와 주요 현안에 대한 설명 등 다양한 커뮤니케이션을 진행하고 있다.

사내에서 일어나는 결재업무를 전자결재 시스템이나 e메일을 통해 처리할 경우 신속한 업무처리가 가능하고 투명경영의 효과도 얻을 수 있기 때문이다.

하이리빙 백승혁 사장은 온라인 통신망을 통해 본사와 전국 지점, 콜센터를 연결하는 경영에 집중하고 있다.

이를 위해 하이리빙은 전국 사업장을 연결하는 통신망 등의 관련 설비를 구축해 운용하고 있다.

하이리빙은 임직원과 전국 사업자를 상대로 사업영역을 소개하고 회원 상호간 커뮤니케이션 활성화를 유도하고 있다고 설명했다.

앨트웰의 황용석 사장은 인터넷 방송을 경영정책이나 내부소식, 업계뉴스, 신상품 정보 등 각종 현안에 대해 설명하는 시간을 가지고 있다. 또 특별한 행사나 전달 사항에 대해서는 생중계를 통해 신속한 전달을 하고 있다.

이를 위해 전국 인트라넷을 구축하는 등 온라인 인프라 확충을 위해 많은 투자를 했다고 회사측은 설명했다.

업계 관계자는 "네트워크 마케팅 업계의 특성상 전국의 사업자들과 경영진들간에 신뢰감 구축이 중요하다"며 "발전된 인터넷 기술에 힘입어 많은 업체들이 온라인 경영을 도입하고 있다"고 말했다.

안승현 기자 zirokool@jed.co.kr

농어촌 특산품 판매 인기

제이유네트워크

농어촌 특산품 판매 인기

네트워크마케팅 업체가 농어민들과 직접 연계, 상품을 개발, 판매해 크게 성공을 거둬 눈길을 끈다.

농어민들의 실질적인 수익 확대를 위해서는 기존 유통망을 개선해야 한다는 목소리가 높아지고 있는 상황에서 네트워크마케팅 업체를 통한 지역특산품 판매가 농어민들의 수익 개선을 위한 새로운 유통대안으로 주목을 받고 있다.

화제의 주인공은 제이유네트워크 이 회사는 최근 전남 영광군, 장흥군, 경남 함양군 등과 손잡고 각 지역 특산품을 자사 네트워크 유통망을 통해 판매하기 시작했다.

특히 함양군의 200여 가구가 제품생산에 직접 참여한 '누에눈꽃

동충하초환'의 경우 제이유네트워크와 업무협약을 맺은 온라인 쇼핑몰 'UTN080사이버장터'에서 지난 7월31일 판매를 시작한 이후 3일만에 2만5,000여 개가 팔려 폭발적인 인기를 끌고 있다.

천사령 함양군수는 "농어민들에게 유통망 확보는 생존과 직결되는 중요한 문제"라며 "제이유네트워크를 통한 판로개척으로 함양군

은 물론 다른 농어촌의 농어민들의 소득증대가 기대된다"고 말했다.

제이유네트워크는 온라인 판매 성공에 힘입어 앞으로 자체 오프라인 유통망인 '제이유마트'에서도 '누에눈꽃 동충하초환'를 판매할 계획이다. 또 조만간 장흥군 농어민들과 협력해 표고버섯음료도 선보이고, 쌀 등 각 지역특산품을 지속적으로 개발, 판매할 예정이다.

정생균 제이유네트워크 대표는 "네트워크마케팅 회사의 유통망이 농어민들의 수익확대에 실질적인 도움이 된다는 것을 보여준 것이 가장 큰 성과"라며 "앞으로 더 많은 지자체들과 함께 할 수 있는 방안을 모색해 유통의 선순환 흐름을 만들겠다"고 말했다.

/김민형기자 kmh204@sed.co.kr

네트워크 마케팅 업체가 농어민들과 직접 연계, 상품을 개발, 판매해 크게 성공을 거둬 눈길을 끈다.

농어민들의 실질적인 수익 확대를 위해서는 기존 유통망을 개선해야 한다는 목소리가 높아지고 있는 상황에서 네트워크 마케팅 업체를 통한 지역특산품 판매가 농어민들의 수익 개선을 위한 새로운 유통대안으로 주목을 받고 있다.

화제의 주인공은 제이유 네트워크 이 회사는 최근 전남 영광군, 장흥군, 경남 함양군 등과 손잡고 각 지역 특산품을 자사 네트워크 유통

망을 통해 판매하기 시작했다.

특히 함양군의 200여 가구가 제품생산에 직접 참여한 '누에눈꽃 동충하초환'의 경우 제이유 네트워크와 업무협약을 맺은 온라인 쇼핑몰 'UTN080사이버장터'에서 지난 7월 31일 판매를 시작한 이후 3일만에 2만 5,000여 개가 팔려 폭발적인 인기를 끌고 있다.

천사령 함양군수는 "농어민들에게 유통망 확보는 생존과 직결되는 중요한 문제"라며 "제이유 네트워크를 통한 판로개척으로 함양군은 물론 다른 농어촌의 농어민들의 소득증대가 기대된다"고 말했다.

제이유 네크워크는 온라인 판매 성공에 힘입어 앞으로 자체 오프라인 유통망인 '제이유 마트'에서도 '누에눈꽃 동충하초환'을 판매할 계획이다. 또 조만간 장흥군 농민들과 협력해 표고버섯 음료도 선보이고, 쌀 등 각 지역특산품을 지속적으로 개발, 판매할 예정이다.

정생균 제이유 네트워크 대표는 "네트워크 마케팅 회사의 유통망이 농어민들의 수익확대에 실질적인 도움이 된다는 것을 보여준 것이 가장 큰 성과"라며 "앞으로 더 많은 지자체들과 함께 할 수 있는 방안을 모색해 유통의 선순환 흐름을 만들겠다고" 말했다.

/김만형 기자 kmh204@sed.co.kr

제이유, 벤처 경영컨설팅 서비스

벤처연합회와 전략적 제휴
유망업체 상품 판매 등 자문

제이유 네크워크가 벤처기업연합회와 손잡고 벤처기업 육성에 나선다.

제이유 네크워크는 15일 서울 신사동 제이유빌딩 대강당에서 대덕밸리 벤처연합회와 전략적 제휴키로 하고 벤처기업 상품 판매 및 경영컨설팅에 대한 업무조인식을 가졌다고 15일 밝혔다.

이번 협약으로 대덕밸리벤처연합회가 의뢰한 상품은 제이유의 유통망을 통해 판매되며, 대덕밸리벤처연합회의 유망 벤처기업 중 경영 및 투자컨설팅이 필요한 회사에 제이유측은 자문서비스를 제공한다.

제이유측은 이번 전략적 제휴는 매우 이례적인 일이며, 벤처캐피탈 등의 투자가 줄고 벤처기업의 휴폐업이 늘고 있는 가운데 맺어진 협약이어서 기대가 그 어느때보다 크다고 말했다.

주수도 회장은 "벤처는 우수한 기술력을 가진 업체들이 유통에 어려움을 겪고 있는 듯해 보여 그동안 안타깝게 생각해 왔다"며 "이번 제휴를 계기로 양질의 상품 판매 및 유망벤처 육성에 일조하게 돼 기쁘다"고 말했다.

/yoon@fnnews.com/윤정남 기자

후발 네트워크업체 매출 약진

올해 상반기 네트워크 마케팅 업계에서 후발 업체간 지각 변동이 일고 있다. 네트워크 마케팅 업계는 후발 업체들의 약진이 돋보이는 가운데 외국계와 토종, 중소업체들간에 절대 강자도 약자도 없는 혼전 양상을 보이고 있다.

특히 1~3위 업체는 제이유 네트워크를 필두로 한국암웨이, 하이리빙 순으로 자리 변동이 거의 없는데 반해 최근 후발 업체들간 자리다툼이 치열해지고 있다.

3일 관련업계에 따르면 제이유 네트워크는 올해 상반기 매출이 9,000억원으로 전년 동기 매출 2036억원보다 342.0% 증가, 지난해 8월 한국암웨이의 아성을 깬 이후 지속적인 고속 성장세를 보이고 있다.

그러나 2위인 한국암웨이는 올해 상반기 4,190억원의 매출을 올려 전년 동기 5,223억원의 매출에 비해 무려 19.8% 감소했으며, 지난해 상반기 1,287억원의 매출을 올린 하이리빙도 상반기 1,185억원의 매출을 기록해 성장이 다소 주춤했다. 특히 눈길을 끄는 것은 STC와 NRC의 약진이다.

STC는 상반기 300억원의 매출을 올려 무려 79.6%의 고속 성장을 했으며, NRC도 올해 상반기 527억원의 매출을 올려 47.4%의 성장률을 기록했다.

STC는 3·4분기까지 매출을

2003~2004년 상반기 매출 현황

(단위 : 억원, %)

업 체 명	2004년 상반기	2003년 상반기	증감률
제이유 네트워크	9000	2036	342.00
한국암웨이	4190	5223	-19.78
하이리빙	1185	1287	-7.93
앨트웰	530	580	8.62
NRC	525	356	47.47
NSE	420	390	7.14
선라이더코리아	311	369	-15.72
STC	300	167	79.64
한국허벌라이프	284	363	-21.76
다이너스티	271	506	-46.34
아이쓰리샵	206	411	-49.88
타히티안노니코리아	90	230	-60.87

자료 : 업계

850억 원 올려 올해 처음으로 1,000억원의 매출 달성, 상위 5위권 진입에 무난할 것으로 전망된다.

반면, 다이너스티와 아이쓰리샵은 극심한 불황으로 대대적인 조직 정비를 실시하고 사업자를 대상으로 하는 교육을 대폭 강화하는 등 군살빼기에 돌입했지만 불황을 극복하지 못해 매출이 급락했다.

지난해 상반기 505억원의 매출을 올린 다이너스티는 지난 상반기 전년대비 46.3% 감소한 271억원으로 곤두박질쳤다.

아이쓰리샵은 상반기에 206억원의 매출을 올려 전년 동기 411억원 매출의 절반에 그쳤다.

지난해 상반기 230억원을 기록한 타히티안노니코리아는 90억원의 매출을 기록, 전년에 비해 무려 60.8% 감소했다.

이밖에도 앨트웰, 선라이더, 허벌라이프 등 10~20% 가량 매출이 하락했다.

이 같은 후발사간의 지각 변동으로 최근 업계에선 해당 업체 사업자들이 동요하는 등 업체간 매출희비가 올해 말까지 이어질 전망으로 상위 10위권 내 업계순위의 지각변동이 예상되고 있다.

/yoon@fnnews.com/윤정남 기자

제이유, 필리핀 진출로 해외시장 본격 '공략'

필리핀 현지법인 설립, 필리핀 네트워크 마케팅 시장 공략
내년 상반기까지 싱가포르, 대만 등 동남아 시장구축 계획

제이유, 필리핀 진출로 해외시장 본격 '공략'

필리핀 현지법인 설립, 필리핀 네트워크마케팅 시장 공략
내년 상반기까지 싱가포르, 대만 등 동남아 시장구축 계획

국내 최대 네트워크마케팅 업체인 제이유네트워크(www.junework.net)가 해외시장 공략에 본격적으로 나선다.

제이유네트워크는 지난 5일 주수도 제이유그룹 회장을 비롯한 임직원과 라몬 레빌라(Ramon Revilla) 상원의원 등 관계자 1000여명이 참석한 가운데 필리핀 마닐라 외곽의 마카티市)에서 해외 1호 법인인 제이유글로벌 필리핀(JUglobal PHILS INC. 지사장 : 유인자) 개소식을 가졌다고 밝혔다.

제이유네트워크는 필리핀이 동남아 시장의 중심지로 인근지역 진출에 적합하고 한국과의 지리적 근접성이나 취교적관계에 대한 접촉률이나 등 여러 요인이 필리핀에 첫 해외법인을 개설하게 됐다고 설명했다.

또한 1인당 국민소득이 1000달러 수준이기는 하지만 30%에 해당하는 중산층 이상의 경우 국민 전체재산의 90%를 소유할만큼 충분하고 분방률이 10% 수준으로 낮으며, 인적 네트워크를 중시하는 등 네트워크마케팅에 적합한 환경을 갖추고 있다는 점도 자랑했다.

현재 필리핀에서 사업을 펼치고 있는 네트워크마케팅 업체 수는 총 4000여개에 달해 국가경제의 근간 역할을 수행하고 있다. 따라서 국민 사이에 생활화되어 있다는 것도 큰 장점으로 꼽힌다.

이날 개소식에서 제이유그룹 주수도 회장은 "해외진출에 대해 쌓아온 경험을 기반으로 글로벌 시장에서 경쟁할 수 있는 전문성과 투명성을 충분히 쌓았다고 자신한다며 "국내에서 뿐만 아니라 해외에서도 인정받는 글로벌 기업으로 도약할 것 "이라고 말했다.

한편 라고스 주 전 필리핀 대통령이 제이유글로벌 필리핀의 고문으로 맡게 되는 등 필리핀 현지에서도 제이유네트워크의 진출에 대해 높은 관심을 보였다.

이번 필리핀 법인 설립은 국내 네트워크마케팅 업체의 해외진출과 국내 업체들의 글로벌화를 알리는 신호탄이 될 것으로 기대된다. 아울러 세계시장에서 다국적기업들과의 경쟁이 이루어짐으로써 글로벌 경쟁력 제고에도 큰 도움이 될 것으로 보인다.

또한 해외시장에서 이익을 발생시켜 네트워크마케팅을 통한 외화획득의 길을 여는 계기가 될 것으로 전망된다. 제이유네트워크는 해외시장 진출을 통해 벌어들인 수익으로 중소기업 육성 등 국내 경제 발전에 활용한다는 전략이다.

이 회사는 제이유글로벌 필리핀 설립을 시작으로 내년 상반기까지 싱가포르, 태국, 대만, 인도네시아, 말레이시아 등 동남아 시장에 진출해 동남아 네트워크를 구축한다는 계획이다. 또한 이를 기반으로 중국 등 해외시장에 대한 공략도 추진할 방침이다.

제이유네트워크는 동남아에서 한국제품에 대한 인식이 좋고 제품구매에도 충분한 주명을 표 전문회사인 (주)새신 등 국내 유망기업들과 수출활로를 찾는 데에도 큰 도움이 될 것으로 보인다.

제이유네트워크는 국내에서 유통되는 1000여개의 제품들 중에 우선적으로 주력품들, 이 백화점류, 건강보조식품, 건강보조기구, 일반 생활용품 등의 분야에서 각각 대표적인 제품들을 선별해 판매에 나설 계획이다.

백승훈기자 jj3821115@yahoo.co.kr

국내 최대 네트워크 마케팅 업체인 제이유 네트워크(대표 : 정생균 www.junework.net)가 해외시장 공략에 본격적으로 나선다.

제이유 네트워크는 지난 5일 주수도 제이유 그룹 회장을 비롯한 임직원과 라몬 레빌라(Ramon Revilla) 상원의원 등 관계자 1000여명이 참석한 가운데 필리핀 마닐라 외곽의 마카티시(市)에서 해외 1호 법인인 제이유 글로벌 필리핀(JU global PHILS INC. 지사장 : 유인자) 개소식을 가졌다고 밝혔다.

제이유 네트워크는 필리핀이 동남아 시장의 중심지로 인근지역 진

출의 전초기지로 활용하는 데 적당하고 한국과의 지리적 근접성이나 화교경제권에 대한 접촉 용이성 등 이점이 많아 필리핀에 첫 해외법인을 개설하게 됐다고 설명했다.

또한 1인당 국민소득이 1,000달러 수준이기는 하지만 30%에 해당하는 중산층 이상의 경우 국민 전체 재산의 90%를 소유할 만큼 구매력이 충분하고 문맹률이 10% 수준으로 낮으며, 인적 네트워크를 중시하는 등 네트워크 마케팅에 적합한 환경을 갖추고 있다는 점도 작용했다.

현재 필리핀에서 사업을 벌이고 있는 네트워크 마케팅 업체 수는 총 4,000여개에 달해 국가 경제의 근간 역할을 수행하고 있다. 따라서 국민 사이에 생활화 되어 있다는 것도 큰 장점으로 꼽힌다.

이날 개소식에서 제이유 그룹 주수도 회장은 "해외진출에 대해 국내에서 쌓아온 경험을 기반으로 글로벌 시장에서 경쟁할 수 있는 전문성과 투명성을 충분히 쌓았다고 자신한다"며 "국내에서 뿐만 아니라 해외에서도 인정받는 글로벌 기업으로 도약할 것"이라고 말했다.

한편 라모스 전 필리핀 대통령이 제이유 글로벌 필리핀의 고문직을 맡게 되는 등 필리핀 현지에서도 제이유 네트워크의 진출에 대해 높은 관심을 보였다.

이번 필리핀 법인 설립은 국내 최대 네트워크 마케팅 업체의 본격적인 해외 진출로 국내 업체들의 글로벌화를 알리는 신호탄이 될 것으로 기대된다.

아울러 해외시장에서 다국적 기업들과의 경쟁이 이루어짐으로써 글로벌 경쟁력 제고에도 큰 도움이 될 것으로 보인다.

또한 해외시장에서 이익을 발생시켜 네트워크 마케팅을 통한 외화 획득의 길을 여는 계기가 될 것으로 전망된다. 제이유 네트워크는 해외시장 진출을 통해 벌어들일 수익으로 중소기업 육성 등 국내 경제 발전에 활용한다는 전략이다.

이 회사는 제이유 글로벌 필리핀 설립을 시작으로 내년 상반기까지 싱가포르, 태국, 대만, 인도네시아, 말레이시아 등 동남아 시장에 진출해 동남아 네트워크를 구축할 계획이다. 또한 이를 기반으로 중국 등 해외시장에 대한 공략도 추진할 방침이다.

제이유 네트워크는 동남아에서 한국제품에 대한 인식이 좋고 제품 구매력도 충분해 주방용품 전문회사인 (주)세신 등 국내 유망기업들이 수출활로를 찾는 데에도 큰 도움이 될 것으로 보고 있다.

제이유 네트워크는 국내에서 유통되는 1,000여개의 제품들 중에 우선적으로 주방용품, 미백화장품, 건강보조식품, 건강보조기구, 일반 생필품 등의 분야에서 각각 대표적인 제품들을 선별해 판매에 나설 계획이다.

백승준 기자
jj3821115@yahoo.co.kr

네트워크 업체 계층별 수당지급 편차 커

썬라이더 등 상위 1% 집중… 제이유는 균등

네트워크 업체 **계층별 수당지급 편차 커**

썬라이더 등 상위 1% 집중…제이유는 균등

네트워크업체들의 계층별 후원 수당 지급 편차가 큰 것으로 나타났다.
6일 네트워크정보서비스몰인 엔샵(대표 한정현)에 따르면 지난 해 썬라이더 하이리빙 암웨이 등은 매출 '상위 1%'의 사업자들에게 후원수당을 몰아준 반면, 제이유네트워크와 고려한백인터내셔널은 '1~00%'까지 균등하게 수당을 지급했다.
엔샵은 지난 해 공정거래위원회가 발표한 10대 다단계판매업자의 매출액 공개 현황을 분석했다.
분석 결과 썬라이더 하이리빙 다이너스티인터내셔널 아이쓰리샵 한국암웨이 앨트웰 엔에스이코리아 한국허벌라이프 등은 상위 1%에 업계평균(100)보다 최고 64%이상 더 많은 수당을 지급했다.
반면 이들 업체의 나머지 매출 순위 1~100%에 소속된 사업자들에게 지급된 후원 수당은 업계 평균의 절반에도 미치지 못했다.
최상위 사업자에게 많은 수당을 지급한 썬라이더의 경우 상위1%에 업계 평균 100보다 많은 64%의 수당을 지급한 반면, 매출 순위 1~6%미만의 수당 지급률은 61%, 순위 6~30%미만 20%, 순위 30~60%미만 26%, 60~100%미만은 5%에 그쳤다.
2위에 오른 하이리빙의 경우도 상위1%미만에게 159%의 수당을 지급한 반면 60~100%미만 사업자에게는 계층별로 52%, 18%, 8%, 5%등을 지급하는 데 그쳤다.
암웨이도 상위1%미만이 145%를 기록했으며, 계층별로 65%, 22%, 9%, 4%등이다.
한편 제이유와 고려한백은 고른 수당을 보이고 있다.
제이유네트워크의 경우 상위1%미만 사업자의 수당지급률은 업계평균에 비해 72%, 1~6%미만은 95%, 6~30%는 68%, 30~60%는 53%, 60~100%는 33%에 달해 중위권 사업자에게 가장 많은 수당이 지급된 것으로 분석됐다.
고려한백인터내셔널은 계층별 90%, 48%, 45%, 93%, 97%로 매출 중하위권 사업자에게 오히려 더 많은 수당을 지급했다.
한정현 엔샵 대표는 "네트워크 업체들의 신규 보상플랜에 대한 개발경쟁이 치열해지고 있어 사업자들은 자신에게 많은 소득이나 사업 스타일에 맞는 회사를 선택해야 한다"고 조언했다.
염지은기자 sena.jy7@jed.co.kr

네트워크 업체들의 계층별 후원 수당 지급 편차가 큰 것으로 나타났다.

6일 네트워크 정보서비스 몰인 엔샵(대표 한정현)에 따르면 지난 해 썬라이더 하이리빙 암웨이 등은 매출 '상위 1%'의 사업자들에게 후원수당을 몰아준 반면, 제이유네트워크와 고려한백인터내셔널은 '1~10%'까지 균등하게 수당을 지급했다.

엔샵은 지난 해 공정거래위원회가 발표한 10대 다단계판매업자의 매출액 등 공개 현황을 분석했다.

분석 결과 썬라이더 하이리빙 다이너스티인터내셔널 아이쓰리샵 한국암웨이 앨트웰 엔에스이코리아 한국허벌라이프 등은 상위 1%에 업계평균(100)보다 최고 64% 이상 더 많은 수당을 지급했다.

반면 이들 업체의 나머지 매출 순위 1~100%에 소속된 사업자들에게 지급된 후원 수당은 업계 평균의 절반에도 미치지 못했다.

최상위 사업자에게 많은 수당을 지급한 썬라이더의 경우 상위 1%에 업계 평균 100보다 많은 64%의 수당을 지급한 반면, 매출 순위 1~6% 미만의 수당 지급률은 61%, 순위 6~30% 미만 20%, 순위 30~60% 미만 26%, 60~100% 미만은 5%에 그쳤다.

2위에 오른 하이리빙의 경우도 상위 1% 미만에게 159%의 수당을 지급한 반면 60~100% 미만 사업자에게는 계층별로 52%,

18%, 8%, 5% 등을 지급하는 데 그쳤다.

암웨이도 상위 1% 미만이 145%를 기록했으며, 계층별로 65%, 22%, 9%, 4% 등이다.

한편 제이유와 고려한백은 고른 수당 지급률을 보이고 있다.

제이유 네트워크의 경우 상위 1% 미만 사업자의 수당 지급률은 업계 평균에 비해 72%, 1~6% 미만은 95%, 6~30%는 68%, 30~60%는 53%, 60~100%는 33%에 달해 중위권 사업자에게 가장 많은 수당이 지급된 것으로 분석됐다.

고려한백인터내셔널은 계층별 90%, 48%, 45%, 93%, 97%로 매출 중하위권 사업자에게 오히려 더 많은 수당을 지급했다.

한정현 엔샵 대표는 "네트워크 업체들의 신규 보상 플랜에 대한 개발경쟁이 치열해지고 있어 사업자들은 자신에게 많은 소득이나 사업 스타일에 맞는 회사를 선택해야 한다"고 조언했다.

염지은 기자 senajy7@jed.co.kr

제이유 네트워크, 중국시장 진출 본격 '시동'

중국 텐스리 그룹과 공동투자 협정식
국내 중소기업 제품 중국 수출기회 마련

제이유네트워크, 중국시장 진출 본격 '시동'

중국 텐스리 그룹과 공동투자 협정식
국내 중소기업 제품 중국 수출 기회 마련

제이유네트워크(대표 정생균)가 중국 시장 진출에 나선다.

제이유네트워크는 최근 심혈관 치료제로 세계적인 명성을 얻고 있는 중국의 텐스리(天土力, 대표 : 옌씨쥔 闇希軍) 그룹과 공동투자 협정식을 갖고 양해각서(MOU)를 체결했다고 밝혔다.

이번 양해각서 교환을 계기로 텐스리 그룹은 자사의 건강식품 등을 제이유네트워크를 통해 한국에 판매하며, 제이유네트워크는 국내에 유통되고 있는 국내 중소기업들의 제품률을 중국에 수출할 수 있는 기회를 마련하게 됐다.

제이유네트워크는 텐스리 그룹이 자사제품에 대한 모니터링을 위한 200만명에 달하는 정부지정 건강탐을 운영하고 있어, 이를 이용해 네트워크 사업을 전개하는 방안을 모색 중이다.

또한 이 회사가 말레이지아에 회원 1만 여명의 네트워크 마케팅 업체를 운영 중인 것으로 알려져 향후 동남아 사업 진출에 있어서도 협업체계 구축이 가능할 것으로 보고 있다.

지난 10월 필리핀 현지법인을 오픈한 바 있는 제이유네트워크는 중국시장 진출의 기반을 구축함으로써 향후 글로벌 시장 공략에 더욱 박차를 가할 수 있게 됐다. 현재 중국에는 에이본, 뉴스킨 등의 외국계 회사들이 진출해 있으며 최근 중국 상무부에서는 연내에 직접판매법을 마련해 방문판매를 할 수 있도록 허용키로 한 바 있다.

텐스리 그룹은 중국내 최대 제약회사인 텐스리 제약을 주축으로 해 94년 설립된 중국의 대표적인 생명공학업체로 상해, 북경 등 중국내 18개의 지점과 미국, 러시아, 프랑스, 말레이지아, 남아공 등 해외에도 사무소를 운영하고 있다.

한편 주수도 제이유그룹 회장은 "이번 제휴를 통해 중국시장이 한층 가까워졌다"며 "제이유네트워크의 유통망을 통해 국내 중소기업의 수출판로 개척에도 크게 기여할 것"이라고 전망했다.

백승준기자
jj3821115@yahoo.co.kr

제이유 네트워크(대표 정생균)가 중국 시장 진출에 나선다.

제이유 네트워크는 최근 심혈관 치료제로 세계적인 명성을 얻고 있는 중국의 텐스리(天土力, 대표 : 옌씨쥔 闇希軍) 그룹과 공동투자 협정식을 갖고 양해각서(MOU)를 체결했다고 밝혔다.

이번 양해각서 교환을 계기로 텐스리 그룹은 자사의 건강식품 등을 제이유 네트워크를 통해 한국에 판매하며, 제이유 네트워크는 국내에 유통되고 있는 국내 중소기업들의 제품들을 중국에 수출할 수 있는 기회를 마련하게 됐다.

제이유 네트워크는 텐스리 그룹이 자사제품에 대한 모니터링을 위한 200만명에 달하는 정부지정 건강팀을 운영하고 있어, 이를 이용해 네트워크 사업을 전개하는 방안을 모색 중이다.

또한 이 회사가 말레이시아에 회원 1만 여명의 네트워크 마케팅 업체를 운영 중인 것으로 알려져 향후 동남아 사업 진출에 있어서도 협업체계 구축이 가능할 것으로 보고 있다.

지난 10월 필리핀 현지법인을 오픈한 바 있는 제이유 네트워크는 중국시장 진출의 기반을 구축함으로써 향후 글로벌 시장 공략에 더욱 박차를 가할 수 있게 됐다. 현재 중국에는 에이본, 뉴스킨 등의 외국계 회사들이 진출해 있으며 최근 중국 상무부에서는 연내에 직접 판매법을 마련해 방문판매를 할 수 있도록 허용키로 한 바 있다.

텐스리 그룹은 중국내 최대 제약회사인 텐스리 제약을 주축으로 해 94년 설립된 중국의 대표적인 생명공학업체로 상해, 북경 등 중국내 18개의 지점과 미국, 러시아, 프랑스, 말레이시아, 남아공 등 해외에도 사무소를 운영하고 있다.

한편 주수도 제이유 그룹 회장은 "이번 제휴를 통해 중국시장이 한층 가까워졌다"며 "제이유 네트워크의 유통망을 통해 국내 중소기업의 수출판로 개척에도 크게 기여할 것"이라고 전망했다.

백승준 기자
jj3821115@yahoo.co.kr

제이유 그룹, 코스닥 등록 기업 투자

세신에 이어 한성에코넷 인수···
유망기업 발굴협력 통해 사업진행 육성

제이유그룹, 코스닥 등록 기업 투자

세신에 이어 한성에코넷 인수 ··· 유망기업발굴협력통해 사업진행육성

제이유그룹(회장 주수도)은 코스닥 등록기업인 한성에코넷을 인수했다고 지난 3일 밝혔다. 농업용 차량 등 특장차 제조업체인 한성에코넷은 최근 임시주주총회를 열고 제이유 그룹의 관계사인 불스코코 경영진을 이사진으로 선임하고 대주주지분을 매각했다.

이전 최대주주인 이준희씨의 지분 23.21%를 불스코코가 13.17% 인수

하고 제이유그룹 주수도 회장이 나머지 지분을 인수함으로써 한성에코넷의 경영권은 불스코코로 넘어가게 됐다. 불스코코는 경영컨설팅 및 벤처투자 등을 사업목적으로 하고 있으며 이 회사 박건수 대표가 이번 인수계약에 따라 한성에코넷의 신임대표이사에 선임됐다.

지난 81년 설립된 한성에코넷은 농

기계 및 방제방역 차량분야에 있어 국내 최대업체다. 최근에는 정보통신 IT) 사업을 강화하고 있다. 또한 전기자동차 분야에 있어서도 기술력을 인정받고 있다.

제이유그룹은 지난 8월 거래소 상장기업 세신(004230)을 인수한 데 이어 코스닥 등록기업인 한성에코넷을 인수해 상장 및 등록기업

두 군데를 관계사로 거느리게 됐다. 제이유그룹은 지난 8월 에스엠테크가 씨비아프에셋으로부터 12.5%의 세신 지분을 인수할 때 제이유개발과 주수도 회장이 함께 지분 6.69%를 프론트라인 등으로부터 인수했었다.

제이유그룹은 공개기업에 투자를 통해 유망기업을 발굴하는 한편 신뢰도를 제고한다는 계획이다. 또한 500여 중소기업이 제이유네트워크와의 협력을 통해 사업을 진행하고 있는 만큼 지속적인 중소기업 육성에 나섬 방침이다.

제이유그룹은 이번에 인수한 한성에코넷을 비롯해 제이유네트워크, UTN, 제이유프로모션, 제이유택배, 포라라스, 한샘닷컴 등 10여개의 계열사 및 관계사를 거느리고 있다.

제이유네트워크 정생균 대표, 농림부장관상 수상

농민살리기 운동기여 공로 인정

제이유네트워크 대표이사 정생균의 농어촌 살리기 운동이 정부로부터 그 공로를 인정받았다. 제이유는 정생균 대표가 허상만 농림부장관으로부터 농업발전에 이바지한 공로로 농림부장관상을 수상했다고 지난 6일

밝혔다.

제이유는 골 불어 전남 장흥군, 전남 함양군, 경기 파주시, 경북 영주시 등과 업무제휴를 맺고 지역 특산물 유통에 나서 농가살림 소득에 크게 기여하고 있다. 특히 지역내 2,000여 가구가 제품생산에 직접 참여하고 있는 경

남 함양군의 '누에넣꽃동충하초환'의 경우 판매 10일만에 판매 가능수량인 5만1,154세트가 동이 나며 60여억원의 매출을 기록하는 등 폭발적인 판매고를 기록했으며, 장흥군의 '표고버섯음료', 함양군의 '산머루즙' 등이 인기리에 판매되고 있다.

제이유 그룹(회장 주수도)은 코스닥 등록기업인 한성에코넷을 인수했다고 지난 3일 밝혔다. 농업용 차량 등 특장차 제조업체인 한성에코넷은 최근 임시주주총회를 열고 제이유 그룹의 관계사인 불스코코 경영진을 이사진으로 선임하고 대주주지분을 매각했다.

이전 최대주주인 이준희 씨의 지분 23.20%를 불스코코가 13.17% 인수하고 제이유 그룹 주수도 회장이 나머지 지분을 인수함으로써 한성에코넷의 경영권은 불스코코로 넘어가게 됐다. 불스코코는 경영컨설팅 및 벤처투자 등을 사업목적으로 하고 있으며 이 회사 박건수

대표가 이번 인수계약에 따라 한성에코넷의 신임 대표이사에 선임됐다.

지난 81년 설립된 한성에코넷은 농기계 및 방제방역 기계 및 방제방역 차량분양에 있어 국내 최대업체로 최근에는 정보통신(IT)사업을 강화하고 있다. 또한 전기자동차 분야에 있어서도 기술력을 인정받고 있다.

제이유 그룹은 지난 8월 거래소 상장기업 세신(004230)을 인수한 데 이어 코스닥 등록기업인 한성에코넷을 인수해 상장 및 등록기업 두 군데를 관계사로 거느리게 됐다. 제이유 그룹은 지난 8월 에스엘 테크가 씨비애프에셋으로부터 12.5%의 세신 지분을 인수할 때 제이유개발과 주수도 회장이 함께 지분 6.69%를 프론트나인 등으로부터 인수했었다.

제이유 그룹은 공개기업에 투자를 통해 유망기업을 발굴하는 한편 신뢰도를 제고한다는 계획이다. 또한 500여 중소기업이 제이유 네트워크와의 협력을 통해 사업을 진행하고 있는 만큼 지속적인 중소기업 육성에 나설 방침이다.

제이유 그룹은 이번에 인수한 한성에코넷을 비롯해 제이유 네트워크, UTN, 제이유 프로덕션, 제이유 택배, 포라리스, 한샘닷컴 등 10여개의 계열사 및 관계사를 거느리고 있다.

제이유 네트워크 정생균 대표, 농림부장관상 수상

농민살리기 운동기여 공로 인정

제이유네트워크 정생균 대표, 농림부장관상 수상

농민살리기 운동기여 공로 인정

제이유네트워크(대표이사 정생균)의 농어촌 살리기 운동이 정부로부터도 그 공로를 인정받았다. 제이유는 정생균 대표가 허상만 농림부장관으로부터 농업발전에 이바지한 공로로 농림부장관상을 수상했다고 지난 6일 밝혔다.

제이유는 올 들어 전남 장흥군, 경남 함양군, 경기 파주시, 경북 영주시 등과 업무제휴를 맺고 지역 특산물 유통에 나서 농가실질 소득에 크게 기여하고 있다. 특히 지역내 2,000여 가구가 제품생산에 직접 참여하고 있는 경남 함양군의 '누에눈꽃동충하초환'의 경우 판매 10일만에 판매 가능수량인 5만1,154세트가 동이 나며 60여억원의 매출을 기록하는 등 폭발적인 판매고를 기록했으며, 장흥군의 '표고버섯음료', 함양군의 '산머루즙' 등이 인기리에 판매되고 있다.

제이유 네트워크(대표이사 정생균)의 농어촌 살리기 운동이 정부로부터도 그 공로를 인정받았다. 제이유는 정생균 대표가 허상만 농림부장관으로부터 농업발전에 이바지한 공로로 농림부장관상을 수상했다고 지난 6일 밝혔다.

제이유는 올 들어 전남 장흥군, 경남 함양군, 경기 파주시, 경북 영주시 등과 업무제휴를 맺고 지역 특산물 유통에 나서 농가실질 소득에 크게 기여하고 있다.

특히 지역내 2,000여 가구가 제품생산에 직접 참여하고 있는 경남 함양군의 '누에눈꽃동충하초환'의 경우 판매 10일만에 판매 가능수량인 5만 1,154세트가 동이 나며 60여억원의 매출을 기록하는 등 폭발적인 판매고를 기록했으며, 장흥군의 '표고버섯음료', 함양군의 '산머루즙' 등이 인기리에 판매되고 있다.

"토종의 힘 못 당하겠네"

다국적기업 한국에선 기진맥진

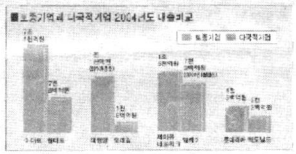

다국적기업 한국에선 기진맥진

"토종의 힘 못 당하겠네"

월마트, 맥도날드, 암웨이 등 내로라 하는 다국적 공룡기업들이 국내시장에서는 유난히 작아 보이기만 한다.

다국적기업들은 세계에 진출하면서 쌓은 마케팅력으로 국내 시장을 맹공략하고 있지만 토종기업들의 한국적 마케팅에는 못 당하고 있다.

할인점 시장에서는 신세계 이마트가 막대한 자금력을 가진 세계유통시장의 절대강자 월마트의 절대적 공세를 누르고 업계 1위를 고수하고 있다.

또 네트워크 마케팅에서는 제이유 네트워크가 세계 네트워크 마케팅의 지존 암웨이를 누르며 1위로 올라섰다.

화장품시장에서도 세계 1위 화장품 그룹인 로레알

그룹을 크게 따돌리고 있고 햄버거 시장에서는 롯데리아가 맥도날드를 거의 2배의 격차를 벌려놓고 있다.

토종기업의 이 같은 선전은 세계적으로 보기 드문 사례로 한국인의 취향에 근접한 한국적 마케팅이 주효했던 때문으로 분석되고 있다.

◇이마트=신세계 이마트는 할인점 업계에서 토종업체의 자존심을 지켜냈다.

세계 유통의 절대 강자 '월마트'조차 이마트 앞에서 무릎을 꿇었다. 10개국 4,500점포의 '막강파워' 월마트가 시장공략에 실패한 거의 유일한 나라가 한국이다. 이마트는 월마트가 들어오기 이전에 이미 전국적인 다점포망을 구축해 막대한 자금력을 지닌 월마트의 무차별 공세도 이겨냈다. 지난 95년 1천 900억원에 불과했던 이마트의 매출액은 지난해 7조 1천억원으로 폭발했다.

이마트는 현재 44.8%의 시장점유율(상위 5개사를 100%로 봤을 때)로 2위(홈플러스 22.5%)와의 격차를 22% 포인트까지 벌려놓았다. 월마트는 매출액만 봐도 이마트의 15%(2003년 기준)에 불과하다.

◇태평양=세계 1위 화장품업계인 로레알 그룹이 국내에 들어와 12년간 화장품 시장을 맹공략하지만 태평양의 아성을 뚫지 못하고 있다. 다국적기업이 토종화장품을 뚫지 못한 사례는 세계적으로 그리 흔하지 않은 것 같다.

태평양은 지난해 총 매출 1조 1천억원(이중 80%가 화장품 매출)을 올렸는데 이중 단일 브랜드로 연간 3천억원 이상을 올리고 있는 브랜드가 설화수, 헤라 2종이나 된다. 세계 1위 기업인 로레알 그룹은 국내에서 판매중인 랑콤 비오템, 로레알파리 등 14 브랜드 모두 합쳐 지난해 1천 600억원의 매출을 올렸다.

태평양은 미국 홍콩 동남아 등 해외진출을 통해 Global Top 10 화장품 회사로 도약한다는 전략이다.

◇제이유 네트워크, 13년 암웨이 아성 무너뜨려= 토종 네트워크 마케팅 기업인 제이유 네트워크(대표 정생균)도 지난 해 13년간 국내 1위 자리를 지켜온 한국암웨이의 아성을 무너뜨리며 업계 판도를 바꿨다.

제이유 네트워크는 지난해 상반기부터 불황으로 고전하고 있는 암웨이를 추월하기 시작해 연말 출고 매출 1조 5천억원을 기록, 암웨이를 올라서며 1위의 자리를 굳혔다.

반면 한국암웨이의 2004년(8월 결산) 매출은 7천 300억원으로 2003년 9천 600억원보다 24% 감소했다.

불황 속에서 더욱 주목받은 제이유 네트워크의 폭발적인 성장세는 '생활 속의 네트워크'를 표방한 온·오프라인의 전방위적 영업과 매력적인 보상플랜, 경영진의 투명한 정도 경영 등이 뒷받침됐기 때문이다.

◇롯데리아=토종기업인 롯데리아는 세계 1위 햄버거 업체인 맥도날드를 크게 따돌리고 1위의 자리를 굳건히 지켜오고 있다.

롯데리아는 전국 829개의 점포와 49%의 시장 점유율을 차지하고 있는 반면 맥도날드는 이의 절반도 못 미치는 335개의 매장과 23%의 시장만 차지했을 뿐이다.

롯데리아의 성공비결은 한국식 입맛을 공략한 것이 주효했다.

맥도날드는 가장 미국적인 햄버거인 맥도날드의 대표메뉴 '빅맥(Big Mag)'으로 한국시장 장악을 시도했지만 롯데리아는 한국적인 햄버거인 불고기 버거로 맞서 맥도날드를 이긴 것이다.

염지은 기자 senajy@jed.co.kr

"올해 안에 편의점 1000개 열겠다."

다단계사 JU 네트워크 마트사업 진출
20~50평 매장 프랜차이즈 형태로 모집

무점포형태의 다단계 판매업체로 잘 알려진 JU 네트워크(회장 주수도)가 점포를 필요로 하는 슈퍼편의점 사업인 마트 사업에 전격 뛰어들기로 해 유통업체들이 바짝 긴장하고 있다.

특히 이 업체는 8월까지 400여개 매장을 오픈하고 연내 1000개 매장을 확보한다는 계획이어서 유통시장에 판도 변화까지도 예고된다.

16일 주수도 JU 네트워크 회장은 자회사인 JU 백화점을 통해 순수 유통형태의 슈퍼편의점 사업에 진출하기로 하고 서둘러 준비하고 있다고 밝혔다.

JU 네트워크가 준비하고 있는 마트사업은 기존 편의점보다 규모가 큰 슈퍼마켓형 편의점.

상호는 'JU 25시마트(가칭)'라고 붙일 예정이며 매장은 상권에 따라 20평에서 50평까지 다양하게 구성된다.

슈퍼편의점 사업을 주관하는 박종진 JU 백화점 상무는 "JU 25시 마트는 기존 편의점처럼 물류센터를 통해 상품을 공급하고 가맹점은 프랜차이즈 방식으로 운영된다"고 밝혔다.

박상무는 JU 25시 마트의 차별화와 관련해 "생식품과 식자재 등 식품부문을 강화해 기존 편의점보다 저렴한 가격으로 판매할 예정이다"라고 말했다.

JU 25시 마트는 7월초 서울 강남구 신사동에 1호점을 낼 예정이

JU 25시 마트 개요

컨셉트	가맹점 형태 슈퍼편의점
매장 크기	상권에 따라 20~50평
특징	식품 비중 늘리고 기존 편의점보다 저렴
가맹점 목표	8월까지 400개. 연내 1,000개 2006년 말 3,000개 목표

며 8월까지 400개 매장을 열 계획이다. 이미 440개의 가맹점 계약 체결을 끝냈다는 것이 회사측 설명이다.

박상무는 "JU 네트워크 회원중 JU25시 마트의 가맹사업을 하려는 희망자가 많아 가맹점 모집이 순조롭게 진행되고 있다"면서 "연내 1,000개 매장을 확보하고 내년까지 3,000개 매장을 열 계획이다"라고 말했다.

이 같은 계획대로라면 JU 25시 마트의 내년말 점포수는 현재 국내 대표적인 편의점인 훼미리마트나 GS 25보다 더 많게 돼 치열한 경쟁을 예고하고 있다.

특히 JU 25시 마트는 JU 네트워크 회원들이 이용할 때 포인트 적립 등 혜택을 줄 계획이어서 고정고객이 많다는 것이 특징이다.

JU 네트워크 회원은 지난해 말 기준 27만명에 달한 것으로 알려졌다.

일반 고객은 기존 편의점처럼 멤버십 카드를 발급하고 마일리지 적립 등의 혜택을 줄 예정이다.

그동안 전시판매장 겸 매장형태로 운영되던 13개 매장은 지역본부 기능을 할 수 있도록 할 계획이며 궁극적으로는 100~250평 규모의 중형 슈퍼마켓 사업에 진출한다는 계획도 세워놓고 있다.

한편 JU 그룹은 최근 기업 인수 · 합병(M&A)을 활발히 해 다단계 판매업체인 JU 네트워크를 비롯해 상장기업인 주방용품업체 세신, 코스닥 등록기업으로 포장 디자인 업체인 한성 에코넷 등 23개의 계열사를 두고 있다.

김성회 기자

2005 한국의 CEO

그들의 리더십이 한국경제를 움직였다

18 ECONOMIC REVIEW | 06.14

2005 한국의 CEO 대상 수상자 명단(시상순서)

기업명	대표
삼성전자 주식회사	윤종용
주식회사 국순당	배중호
금호렌타카 주식회사	김성산
주식회사 놀부	김순진
주식회사 명화금속	임정환
상영물류 주식회사	이상근
서울반도체 주식회사	이정훈
주식회사 아가방	구본균
아이피알포럼 주식회사	맹청신
주식회사 STC나라	이계호
주식회사 HS홀딩스	이영근
주식회사 올림푸스 한국	방일석
주식회사 우리홈쇼핑	정대종
임피리얼팰리스 호텔	신철호
주식회사 잡코리아	김화수
전북은행	홍성주
주식회사 제니엘	박인주
제이유그룹	**주수도**
청호나이스 주식회사	정휘동
주식회사 KCC	김춘기
주식회사 태창가족	김서기
한국수출보험공사	김송웅
주식회사 한국에어브레이크	윤종규
한국인터넷진흥원	송관호
한국인포서비스 주식회사	박균철
한국 피자헛 주식회사	조인수
한양증권 주식회사	유정준
현대건설 주식회사	이지송
현대증권 주식회사	김지완
주식회사 형지어패럴	최병오

21세기는 CEO의 리더십이 기업경영의 성패를 좌우한다. CEO의 역량에 따라 기업이 살기도 하고 죽기도 하는 시대다. 그만큼 CEO의 책임은 막중한 것이다.

〈이코노믹 리뷰〉가 창간 5주년을 맞아 '2005 한국의 CEO'를 선정했다. 지난 5월 31일 프레스센터에서 시상식이 열린 '2005 한국의 CEO 대상'을 수상한 기업인들은 탁월한 비전과 과감한 실행력으로 한국 경제계에 활력을 불어넣은 장본인들이다. 2005 한국의 CEO로 선정된 30명의 경영인으로부터 우리는 무엇을 배워야 할까.

어떻게 선정했나?

〈이코노믹 리뷰〉와 (주)미디어인텔리전스는 우선 금융감독원과 대한상공회의소의 기업경영실적 자료를 바탕으로 매출 1000대 기업과 우수중소기업 중에서 기업매출 및 순익자료를 근거로 하고, 최근 5년간의 수상경력, 정부부처 또는 기관, 협회에서 인정한 300개 기업을 선발, 이들 기업에 행사 안내 자료를 발송하고 최종 선정애 필요한 신청서 및 공적조사 등 심사관련 자료를 접수받았다.

신청접수 결과, 300여 개 기업 중 130여 개 기업들이 최종 후보군에 선정되었다. 김수용 서강대학교 경제학과 교수를 심사위원장으로 한 심사위원단은 이들 최종 후보군 중에서 경영실적과 고객만족도 등을 근거로 해서 최종 30개 기업을 '2005 한국의 CEO 대상'으로 선정하였다.

감사의 글

우선 남다른 생각으로 유통혁명을 주도하고 있는 제이유 그룹의 창업자 주수도 회장님께 진심으로 감사드립니다.

이 책을 쓰면서 소비생활 마케팅의 위력과 지대한 역할을 새삼 느끼고 이 일이 완성되어야만 하는 중요성 또한 느꼈습니다.

또한 필자의 시도를 격려해 주시고 도와 주신 제이유 네트워크의 모든 리더 사업자 분들께도 진심으로 감사드리며, 특히 교정과 문체에 많은 도움을 주신 은현수 사장님께 깊은 감사드립니다.

꽤 긴 시간 꼬박 밤새기를 하는 동안 도와준 아내에게 고맙다는 말을 하고 싶고, 특히 독수리 타법의 아빠를 대신해 컴퓨터 작업을 도와준 아들 동은이와 딸 지은아 사랑한다.

또한 이면에서 노력하시는 제이유 네트워크의 임직원 여러분께도 진심으로 감사드리면서 항상 물가에 내놓은 어린 아이처럼 노심초사하시는 아버님께 감사의 인사와 함께 만수무강을 기원합니다.

또한 출판을 도와준 한누리미디어의 김재엽 사장님께도 감사드립니다.

모든 제이유 사업자 사장님과 이 책을 만나는 분 모두 부자 되세요!

著者

부자로 사는 시스템을 상속하라

•

지은이 / 이귀한
발행인 / 김재엽
발행처 / 한누리미디어
디자인 / 지선숙

•

100-845, 서울시 중구 을지로 2가 148-73
신화빌딩 401호
전화 / (02)2278-4513, 2268-4514
Fax / (02)2268-4524

•

등록 / 제16-467호(1993. 11. 4)

•

초판발행일 / 2005년 11월 25일

•

ⓒ 2005 이귀한 Printed in KOREA

•

값 12,000원

•

E-mail/hannury2003@hanmail.net

ISBN 89-7969-282-X 13320